팔로워
시대의
몰락

이 책을 먼저 읽고 추천해주신 브랜드 실무자 분들 (가나다 순, 직함 생략)

고은애(맥캘란) | 권지혜((주)하이라이트 브랜즈) | 권진솔(부쉐론 코리아) | 김가빈(무신사) | 김무중((주)네파) | 김만희(조이웍스·호카·SAUCONY·NORDA·SATISFY) | 김민(무인양품(주)) | 김수지(K2) | 김윤종(스와치그룹 코리아(주)) | 김현리(모엣헤네시) | 남다솜(크리니크) | 문정은(IWC 샤프하우젠) | 박영선((주)LF) | 박진평(보그 코리아) | 배화영(ABC마트) | 서보람(로에베) | 송영욱(얼루어 코리아) | 신혜정(오티비 코리아·질샌더·메종 마르지엘라·디젤·마르니) | 안현미(밀레 코리아) | 안현영(위블로 코리아) | 연규빈(한세엠케이 주식회사 NBA) | 오연주(게스 홀딩스 코리아) | 오윤하(티파니앤코) | 우경하((주)한섬 해외패션본부) | 유다은((주)이랜드월드 패션사업부 폴더) | 윤순근(크리스찬 루부탱) | 윤은지(피에르파브르 더모코스메틱 코리아(유)) | 이경준(더블유 코리아) | 이수연(발렌티노 코리아) | 이윤지(르쿠르제 코리아 주식회사) | 이정미(불가리 코리아) | 이한나(마크앤로나) | 임근영(엘르 코리아) | 장민호(데카트론 코리아) | 정연지(푸마 코리아) | 정정현(지방시 뷰티) | 조성원(델보) | 조예지(GQ 코리아) | 조윤정(페라가모 코리아) | 조혜영((주)한섬 해외패션본부) | 진선유(뉴에라캡코리아(유)) | 천지현(주식회사 신세계 시코르) | 최민제((주)포컴퍼니 네이밍) | 최윤영(랩시리즈 코리아) | 최지원(쌤소나이트 코리아) | 홍석균(아레나옴므플러스)

팔로워 숫자에
중독된 시대,
진짜 영향력을
만드는 법

팔로워 시대의 몰락

백성국 지음

프롤로그

이 책을 읽기에 앞서, 먼저 '팔로워 시대의 몰락'이라는 제목의 의미를 분명히 하고 싶다. 그것은 많은 팔로워를 가진 사람들의 영향력이 사라진다는 뜻이 아니다. 오히려 디지털 기술의 발전과 소셜 네트워크의 확장, 그리고 숏폼 콘텐츠의 활성화로 인해 진정한 팔로워를 확보한 개인과 채널의 영향력은 더욱 강력해지고 있다. 문제는 숫자만을 맹목적으로 좇는 태도다. 충성도와 관계의 질은 외면한 채 팔로워 수만을 늘리려는 집착, 바로 그것이 몰락의 본질이다.

나는 글로벌 브랜드를 중심으로 디지털마케팅을 수행하는 회사를 운영하며, 매년 300개 이상의 국내외 브랜드와 협업하고 있다. 매달 평균 10개 이상의 유명 브랜드와 자문을 나누며,

연간 1,000명 이상의 현업 마케터들과 강의와 세미나를 통해 직접 소통한다. 이 과정에서 분명하게 깨달은 사실이 있다. 수많은 실패의 배경에는 언제나 '팔로워 수'에 대한 잘못된 믿음이 자리하고 있었다는 점이다. 팔로워 수 자체가 문제가 아니라, 그 숫자에 모든 가치를 걸고 성과를 보장받을 수 있다고 착각하는 것이 문제였다.

이제는 관점을 바꿔야 할 때다. 숫자의 함정에 빠진다면 실패와 실망은 반복될 수밖에 없다. 이 책은 팔로워 수를 올바르게 바라보고, SNS와 디지털마케팅 전략을 제대로 세울 수 있도록 돕기 위해 쓰였다.

책의 전개는 단순히 최신 트렌드와 사례를 나열하는 방식이 아니다. 인류 역사 속 팔로잉 - 팔로워 관계의 기원과 뇌과학적 의미에서부터 시작해, 현재 SNS가 어떻게 일상에 깊숙이 파고들 수 있었는지를 다룬다. 더 나아가 알고리즘의 원리와 중요성을 짚고, 팔로워 수의 맹신에서 벗어나 좋은 콘텐츠와 전략으로 성공할 수 있는 실전 방법을 제시한다.

  이 책은 '이렇게 하면 반드시 성공한다'는 식의 가벼운 조언서가 아니다. 변화를 거듭하는 디지털 환경 속에서도 변하지 않는 가치와 본질을 탐구하며, SNS와 디지털마케팅을 미래에 어떻게 적용하고 활용해야 하는지에 대한 거시적 안목을 키워준다.

  대기업 마케터는 물론이고, 성장을 꿈꾸는 스타트업과 1인 비즈니스, 인플루언서와 크리에이터, 그리고 개인에게도 이 책은 꼭 필요한 길잡이가 될 것이다. SNS와 디지털마케팅은 이제 기업이나 특정 직업군만의 문제가 아니다. 현대 사회를 살아가는 우리 모두에게 주어진 과제이자 기회다. 이 책이 그 길을 찾는 데 도움이 되기를 바란다.

차례

프롤로그 · 004

1장 지금까지의 과정

1 인류 역사와 함께한 팔로잉과 팔로워 · 013
2 누군가를 팔로잉하려는 뇌의 속성 · 020
3 명품 브랜드의 성공도 누군가를 팔로잉하는 심리에서 출발 · 025
4 디지털상에서의 인간관계 · 031
5 SNS의 원조는 한국 · 036
6 '친구'에서 '팔로워'로의 변화 · 042
7 '팔로워'에서 '구독자'로의 진화 · 048
8 영향력을 팔로워 수로 보여주는 시대 · 054

2장 그래서 생긴 문제

9 불필요한 숫자 경쟁 · 061
10 가짜 인플루언서가 판치는 세상 · 067
11 가짜를 걸러내라 _ 1단계 · 071
12 가짜를 걸러내라 _ 2단계 · 076
13 그래도 풀리지 않는 문제 · 084

3장 비즈니스상에서 깨달은 것

14 과연 팔로워 중에 몇 명이 진짜인가? · 091
15 10만 명의 팔로워 < 1,000명의 팔로워 · 097
16 수년간 수만 명의 팔로워를 모은 브랜드 계정을 운영해보니 · 104
17 마음에 드는 콘텐츠를 보면 취하는 행동 · 112
18 성공한 브랜드의 광고 리뷰를 통해 배운 인사이트 · 119

4장 최근의 변화

19 나노 인플루언서의 성장 · 129
20 핵심 오피니언 소비자 · 138
21 숏폼 콘텐츠의 무서운 기세 · 145
22 틱톡 알고리즘의 성공 · 153
23 '팔로워 시대의 몰락'의 의미 · 162
24 팔로워 규모가 작아도 기회는 많다 · 168
25 제품 구매는 팔로워 수와 무관 · 176
26 생성형 AI 시대에 더욱 중요해지는 것 · 180

5장 그래도 변하지 않는 진실

27 변하지 않는 것이 더 중요한 이유 · 191
28 규모보다는 라포르 · 198
29 여전히 강력한 메가 크리에이터 · 204
30 결국에는 콘텐츠 · 210
31 재야의 고수에게서 배우는 '팔리는 콘텐츠' 법칙 · 214
32 언제난 중요한 건 본질 _ 제품력 · 225
33 우리가 잊고 있던 가장 강력한 힘 _ 구전효과 · 232

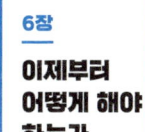

6장 이제부터 어떻게 해야 하는가

34 내 브랜드는 지금 어디에? · 241
35 안타깝지만 받아들여야 하는 현실, 멱 법칙 · 246
36 적자생존의 의미 · 250
37 성공을 위한 로드맵 · 254

7장 무엇을 할 수 있을까? (실천편)

38 시작 · 267
39 운영 · 271
40 성장 · 275
41 유지 · 279

1장

지금까지의 과정

≡   Skip

1

인류 역사와 함께한 팔로잉과 팔로워

● ○ ○

팔로잉 following 과 팔로워 follower.

디지털을 접하는 세대라면 이 단어를 모르는 사람이 있을까. 인스타그램에서 내가 좋아하는 누군가를 찾았거나 꾸준히 그의 소식을 알고 싶을 때, 우리는 자연스럽게 '팔로우' 버튼을 누른다. 이는 누군가를 '팔로잉'하는 행동을 통해 그 대상의 '팔로워'가 된다는 의미다.

팔로잉은 내가 다른 사람의 일상생활이나 전문지식 등의 콘텐츠를 꾸준히 보겠다는 의미고, 반대로 팔로워는 누군가가 나를 같은 관점으로 본다는 의미다. 이런 용어와 관계들이 디지털이 성장하면서 혹은 소셜 네트워크 시스템 SNS 이 등장하면서 새롭게 생겨난 것 같지만 그렇지 않다.

인간관계에서 누군가를 팔로잉하고 누군가의 팔로워가 된다는 것은 매우 원초적이고 본능적인 행동이다. 팔로잉과 팔로워가 얼마나 오랜 전통을 가진 용어인지 이해하려면 원시시대까지 거슬러 올라가야 한다.

　지금처럼 문명사회가 정착하지 않고 교육 시스템이 정리되지 않았던 시기가 있었다. 인간은 죽지 않고 살아남기 위해 먹을 것을 찾아다니고, 사냥하는 법을 배워야 했다. 때로는 자신의 영토를 지키기 위해 다른 부족과 싸워야 했고, 전투에서 이기기 위해 훌륭한 무기를 직접 만들어야 했다.

　그런데 이 모든 생존 기술들을 개개인이 태어날 때부터 가지고 있었을까? 우리는 각각 다른 장소, 다른 부모, 다른 유전자 특성을 가지고 태어난다.

　교육 시스템은 물론 제대로 된 언어도 정립되지 않은 시기에 생존을 위해서 누군가에게 끊임없이 배워야 했다. 누구는 농사짓는 기술을 가지고 있었을 것이고, 누구는 사냥을 잘하는 법을 알았을 것이다. 본인이 농사짓는 기술을 모른다면 먹고살기 위해서 농사짓는 기술을 가진 사람으로부터 배웠을 것이고, 혹은 그 사람 밑으로 들어가 일을 배우며 살았을 것이다.

　즉 원시시대부터 인간은 살아남기 위한 생존 기술로써 자신에게 없는 다양한 기술들을 타인으로부터 배워야만 했다.

　어느 뇌과학자가 이렇게 이야기했다.

"인간 뇌의 가장 기본적인 시스템에는 두 가지 원리가 있습니다. 그것은 바로 생존과 번식입니다."

이처럼 인간의 뇌는 무의식적으로 생존을 위해 작동하는 것이 가장 근본적인 원리가 되었고, 그것을 본능적으로 가지고 있지만 더 많은 것들은 살아가면서 타인에게서 배워야 했다. 우리는 이미 원시시대부터 내가 가지고 있지 못한 다양한 기술들을 가진 사람을 팔로잉하면서 살았고, 누군가에게 팔로워로서 존재했다. 다만 '팔로잉', '팔로워'라는 용어가 개념으로 정립되지 않았을 뿐이다.

이렇게 뇌에 새겨진 기억들이 인간의 역사를 통해 세대에서 세대를 거치면서 본능 속에 깔려있었을 것이다. 지금처럼 SNS 채널에 있는 팔로우 버튼만 없었을 뿐이지, 어떠한 이유에서 누군가를 팔로잉한다는 것은 태초의 인간 역사에서부터 시작된 관계다.

원시시대의 예시를 이 관계에 적용해보자면, 내가 먹고살기 위해서 농사 기술을 배우려면 농사를 잘 짓는 사람을 팔로잉했고, 반대로 농사를 잘했던 사람 입장에서는 팔로워를 보유했던 것이다. 지금처럼 특정한 플랫폼에 접속해서 찾고 싶은 분야를 찾은 후 콘텐츠를 확인하고 나서 팔로우 버튼을 누르는 행동이 없었을 뿐이지, 결국 같은 원리다.

농사 외에도 출산이나 사냥 같은 그 당시에 생존하고 번식하기 위한 다양한 분야의 기술을 습득하기 위해서 다른 사람을 팔로잉하고 살았을 것이다. 어쩌면 출산에 대한 경험이 많은 산파들은 임산부가 의지할 수 있는 일종의 인플루언서Influencer였고, 의학이 발달하지 않았던 시대에 주술이나 주문을 통해서 병을 고쳐주던 주술사 역시 많은 팔로워를 보유한 인플루언서였다.

이미 이 시대부터 기술이 없는 누군가는 기술이 있는 누군가를 의지할 수밖에 없었고, 기술이 있는 누군가는 기술이 없는 누군가에게 영향력를 가졌다. 예전에는 이런 팔로잉-팔로워 관계가 주로 생존과 번식에 한정되어 있었다면, 현재는 인간 삶의 모든 영역으로 확대되어 있다는 점이 다르다.

지금 우리는 단 몇 초라도 디지털 없는 삶을 상상할 수 없는 세상에 살고 있다. 디지털에서 글을 쓰고, 소통하고 대화를 나누며 사람들과 관계를 맺고 만남을 갖는다. 그리고 알고 보고 싶은 사람이 생기면 팔로잉 버튼을 누르고, 그 사람의 팔로워가 된다.

이런 사람들 중에서 수많은 팔로워를 가진 사람을 소위 '메가 인플루언서Mega Influencer' 또는 '메가 크리에이터Mega Creator'라고 부른다. 수식어에 '메가'라는 단어가 붙는 것만 봐도 그 영향력이 얼마나 대단할지 짐작할 수 있다. 100만 명 이상의 팔로워를 가지고 있거나 꼭 그 정도는 아니더라도 특정 분야의 전문성을 인정받아서 강력한 팬덤을 가지고 영향력을 미치는 그룹을 지칭하는 표현이다.

원시시대 부족사회에서 부족장은 결국 수많은 팔로워를 가진 메가급 인물이라고도 해석할 수 있다. 농사나 사냥 등에서 좋은 시스템을 가진 부족장은 자신을 팔로잉하는 사람들, 즉 자신의 부족들에게 좀더 나은 삶의 환경을 제공해주었을 것이고, 이런 좋은 삶의 환경을 가진 부족장들에게는 점점 더 많은 팔로워가 생겨서, 그 부족은 더욱더 커졌을 것이다.

이러한 부족의 성장은 그들에게 더 많은 영토를 필요로 했다. 영토를 차지하기 위해 전쟁을 하고, 이렇게 커져가는 변화를 통해 결국 국가라는 규모까지 왔을 것이다. 즉 어쩌면 인류가 지금의 국가라는 규모까지 가는 데에 있어서도 팔로잉-팔로워의 관계가 작용했을 것이다.

팔로잉-팔로워 관계를 설명하면서 인류 역사까지 거슬러 올라간 것을 두고 너무 과장되었다고 느끼는 사람도 있을 것이다.

나 역시 인류 역사가 오직 팔로잉-팔로워 관계로 지금까지 진화해왔다고 단언하려는 것은 절대 아니다.

다만 어떠한 필요에 의해서 누군가를 팔로잉한다는 것은 인간의 매우 본능적인 속성이고, 우리가 살아가는 데 매우 기본적인 원리임은 분명하다. 즉, 팔로잉-팔로워의 관계가 SNS에서 갑자기 탄생한 것이 아니라 이미 인간의 본능에서 출발해 발전된 매우 일반적인 모습들이며, 단지 가시화되지 않고 개념화되지 않았던 행동 유형들이 이제는 디지털 세상에서 버튼을 누르고 숫자로 표현되는 형태로 바뀌면서 더욱 많은 관심과 집중을 받게 되었다.

이제부터 인간의 본능과 오랜 역사와 함께 한 팔로잉-팔로워의 관계에 대해 몇 가지 다른 관점과 디지털로의 변화 과정을 이야기해보고자 한다.

2

누군가를 팔로잉하려는 뇌의 속성

 최근 몇 년간 외부 강의와 브랜드 자문이 정말 많이 늘었다. 내가 책을 쓰게 된 가장 직접적인 계기도 이런 경험 때문이다. 기업과 브랜드에 강의를 하기 위해서 다양한 자료를 준비해야 하고, 이 과정에서 내가 알게 되는 사실들도 많았다. 반대로 자문시간을 통해 내가 그들로부터 듣는 현업의 경험을 통해 배워가는 노하우도 점점 많아져서 살아있는 경험과 지식이 축적되었다.

마케팅 담당자가 아닌 실무에 대한 이해도가 상대적으로 낮은 관리직이나 임원들을 대상으로 하는 강의, 다양한 분야에서 모이는 경영자 대상 강의 혹은 실전을 아직 경험하지 못한 학생들에게 강의할 때는 실전 전략과 방법론보다는 이 분야에 대한 이해도를 높일 수 있는 접근으로 내용을 구성한다.

그래서 이런 자리에서 인플루언서 마케팅에 대해 강의할 때는 '이게 최신 유행이라서 지금 꼭 해야 한다', '인플루언서 마케팅을 이렇게 하는 것이 가장 효과적이다'라고 설명하기 이전에 '인플루언서 마케팅은 인간의 매우 본능적인 행동 원리'임을 먼저 이해시킨다.

누군가를 '팔로잉'한다는 행동은 뇌과학적 근거를 바탕으로 한다. 1990년대 초반 이탈리아 파르마대학교 신경과학자인 지아코모 리졸라티Giacomo Rizzolatti의 연구팀이 원숭이를 대상으로 한 실험을 통해 밝힌 사실이 있다. 원숭이가 직접 물체를 잡을 때와 연구원들이 물체를 잡을 때 동일한 신경세포가 활성화된다는 점이다. 즉 다른 사람의 행동을 관찰할 때 자신이 직접 행동을 하는 것처럼 활성화되는 신경세포이고, 이 현상이 마치 거울을 보는 것과 같은 원리라고 해서 이를 거울 뉴런Mirror Neuron이라 명명했다.

거울 뉴런이 하는 역할은 꼭 특정한 행동만이 아니라 타인에 대한 정서적, 감정적 공감도 포함한다. 예를 들어, 다른 사람이 슬퍼하는 모습을 보고 자신도 똑같이 슬픈 이유 역시 거울 뉴런 때문이다. 여기서 주목할 부분은 거울 뉴런의 역할은 '모방학습'이나 '사회적 상호작용'에 대한 것이라는 점이다. 아기가 부모가 하는 말을 따라 하면서 언어를 습득하는 것도 거울 뉴런이며, 타인의 몸짓과 말투 등을 무의식적으로 따라 하고 유대감을 형성하는 것도 거울 뉴런의 역할이다. 아이가 부모의 말투와 행동과 정말 닮아 있는 것을 보면 거울 뉴런의 영향을 많이 체감한다.

즉 인간의 뇌는 학습을 위한 목적이든, 정서적 공감대를 형성하기 위한 목적이든, 사회적 상호작용을 위한 목적이든 거울 뉴런을 통해서 관계를 형성해간다. 누군가를 팔로우하고 누군가의 팔로워가 되는 것에 거울 뉴런이 중요한 작용을 한다고 생각한다.

우리는 인스타그램이나 유튜브를 통해서 누군가를 팔로우하는 이유는 내가 관심 있는 분야에 대해 타인에게 무엇인가를 배우기 위한 것이고(학습), 나와 유사한 라이프스타일을 가지고 있는 누군가의 감정을 이해하고 정서적으로 공감하기 때문이다(유대관계).

특히 후자의 '감정 이해와 공감'이라는 이유로 누군가를 팔로우하는 경우를 자주 목격하다. 겉으로 보았을 때 특정한 전문성이나 특별함이 없어 보이는 사람인데도 수많은 팔로워를 보유한 사람들이 있다. 정서적인 유대관계를 통해 팔로워를 만들어 냈기 때문이다. 즉 내 생활과 비슷한 상황을 겪고 있는 사람들에게 공감을 끌어낸 것이다.

이것이 얼마나 과학적으로 증명할 수 있는지의 여부를 떠나서 누군가를 팔로우하는 행위와 팔로워를 많이 보유한 소위 인플루언서라는 존재가 갑자기 이 세상에 나타난 최신 트렌드가 아니며, 잠깐 나타났다가 사라지는 유행은 더더욱 아니라는 사실이 중요하다.

즉 인간의 원시시대부터 살아남기 위한 본능으로 누군가를 팔로우했고, 인간의 뇌 구조는 인간이 학습하고 사회적인 관계 형성을 하려는 본능 즉, 팔로잉-팔로워 관계의 근본이라는 사실이다.

3

**명품 브랜드의 성공도
누군가를 팔로잉하는
심리에서 출발**

 우리는 지금 그 어느 때보다도 많은 브랜드에 둘러싸여 살고 있다. 대부분 브랜드는 '제품의 라이프 사이클PLC, Product Life Cycle'이라는 주기를 따라간다. 아래 PLC 그래프에서 확인할 수 있듯이 모든 제품과 서비스는 도입 단계를 거쳐 대중에게 갔다가 결국 사장되는 것이 일반적인 사이클이다.

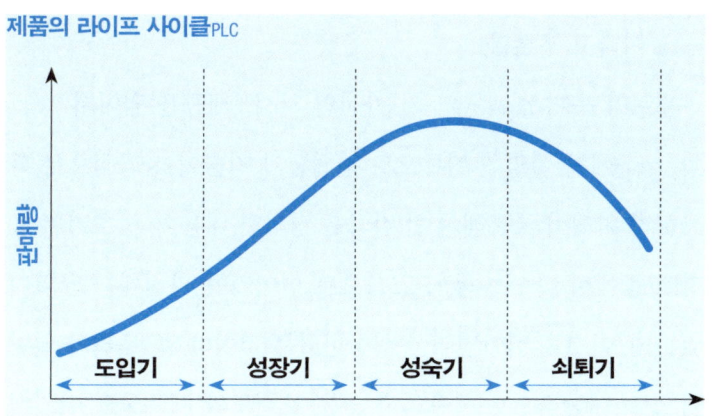

다만 여기서 기업이 여러 활동을 통해 브랜드마케팅 전개를 잘하면 대중에게 계속 남는다. 그렇지 못하면 사람이 나이가 들면 죽는 것처럼 제품이나 서비스도 더 이상 수명을 다하지 못하고 사라진다.

더 중요한 것은 이 중에는 대중에게 가 보지도 못하고 소리 소문없이 사라지는 브랜드가 대부분이다. 즉 처음 신규 브랜드나 제품이 출시되었을 때 '이노베이터 Innovator' 그룹이나 '얼리어답터 Early adopter' 그룹에서 먼저 사용되며 일부 집단에게만 알려진다.

이런 그룹에서 대중 Majority 그룹으로 넘어가면 우리가 주변에서 볼 수 있는 성공한 브랜드가 된 것이고, 그렇지 못하고 더 이상의 수요를 창출하지 못해 기업이 브랜드 운영 비용을 감당하지 못하게 되면, 브랜드는 사라진다. 이 과정을 '캐즘 이론 Chasm Theory'이라고 부른다.

제프리 무어 Geoffrey Moore가 자신의 저서 《캐즘을 넘어서 Crossing the Chasm》에서 설명한 이론으로 신제품과 기술이 성공적으로 확산하기 위해서 극복해야 할 간극을 정의한 내용이다. 초기 수용자 그룹에서 다수 수용자 그룹으로 넘어가는 과정에는 균열이 있는데, 이것을 뛰어넘어야 성공한다는 것이다. 즉 우리가 일반적으로, 대중적으로 사용하고 있는 브랜드와 제품들은 여기서 말하는 캐즘을 뛰어넘었다는 의미다.

우리는 자신이 특별히 관심이 있거나 전문성이 있는 분야를 제외하고 살아가는 데 있어서 대부분은 대중에 속하기 때문에 이미 잘 알려진, 캐즘을 뛰어넘은 브랜드를 사용 중이다. 그러다 보니 그 브랜드가 시작점에서는 어떤 이유로 성공했는지 잘 모른다. 한 가지 예를 들어 보겠다.

TV 교양 콘텐츠 중에 〈벌거벗은 세계사〉라는 프로그램이 있다. 한 분야의 전문가가 나와서 연예인 패널들과 질의응답을 나누며 흥미로운 스토리텔링 방식으로 세계사를 쉽게 풀어주는 포맷인데, '파란만장한 삶 위에 세운 샤넬 제국'이라는 제목으로 샤넬의 삶과 그녀가 남긴 유산에 대해 다루었다. 내가 하는 일과도 연관되어 있어서 더 집중해 보았다.

프로그램에서 샤넬CHANNEL의 창시자 가브리엘 샤넬Gabriel Channel의 어린 시절부터 시대의 아이콘이 되기까지 전반적인 삶의 과정과 변화를 재미있게 잘 풀었는데, 무엇보다 브랜드의 마케팅 관련된 부분이 상당히 흥미로웠다. 진행자가 패널들에게 이렇게 질문을 던졌다.

"샤넬은 새로운 의상이 출시되면 어떤 방법으로 홍보했을까요?"

샤넬은 그 당시에 유명인들이나 아름다운 여성들에게 무상으로 의류를 제공하는 마케팅을 했다. 이런 사람들이 샤넬의 옷을 입고 다니는 것 자체가 움직이는 광고수단이 된 셈이다. 이 마케팅으로 수많은 상류층 여성의 주문이 이어졌고, 샤넬 브랜드가 유럽 곳곳으로 퍼져 가나는 인기를 얻게 되었다.

근본적으로는 가브리엘 샤넬이 정립한 브랜드의 정체성과 제품의 디자인이 시대를 대표하는 아이콘이 될 정도로 사람들에게 통했기 때문에 이런 결과로 이어졌다. 하지만 홍보 방식에 있어서는 샤넬과 같은 브랜드가 퍼져 나가는데 이미 수십년 전부터 이런 마케팅이 통했다는 사실이다.

샤넬의 엄청난 성공이 우리가 흔히 일컫는 '협찬 마케팅'으로부터 나왔다는 의미가 아니다. 기본적으로 디자인과 제품 자체가 훌륭했기 때문에 성공했다. 사람들이 열광할 만한 디자인과 고가의 가격 정책 등 전반적인 브랜딩의 본질이 훌륭했고, 여기에 협찬 마케팅이 잘 어우러져 세계적인 성공 브랜드가 될 수 있었다.

그 당시 인스타그램과 같은 SNS 채널이 없었기 때문에 한 사람이 퍼뜨릴 수 있는 영향력은 지금 정도의 범위는 아니었다. 하지만 그 사람의 영향력을 지금처럼 팔로워의 숫자로 정량화시킬 수 없었던 시대임에도 불구하고 조금 더 멋지고, 조금 더 어울리는 사람들이 착용한 옷과 액세서리 등을 보고 따라서 구매하는 패턴은 누군가를 팔로잉하고 누군가의 팔로워가 되는 관계와 일맥상통하는 흐름이다.

즉 자신을 더 예쁘게 꾸미고 싶은 사람들은 자신보다 더 아름다운 사람들이 어떻게 옷을 입는지에 관심을 가지고 본인도 따라서 착용함으로써 아름다워지려는 욕구를 충족시켰다.

현재 전 세계 20조 원이 넘는 매출을 올리고 있는 샤넬 브랜드의 수십 년 전 마케팅 방식도 누군가를 팔로우하고 모방하고 싶은 사람의 근본적인 심리를 잘 알고 접근했다는 것을 알 수 있다. 샤넬뿐만 아니라 수많은 명품 브랜드의 성공 역시 결국 왕족이나 상류층 혹은 멋지고 아름다운 사람들에게서 인정받음으로써 시작되었다. 소비자가 이런 사람들을 팔로우하고 그들과 똑같은 브랜드를 사용하기 시작하면서 브랜드의 유명세가 전 세계적으로 퍼져 나갔다.

4

디지털상에서의 인간관계

집집마다 인터넷과 개인 컴퓨터 PC가 보급되기 시작하던 때가 있었다. 컴퓨터가 있는 집에 다같이 모여서 컴퓨터 한 대에 둘러앉아 한게임 고스톱을 치곤 했다. 이때부터 온라인 게임을 중심으로 누군가와 모이고 소통하고 함께 시간을 보내는 일이 본격화되었다.

이 문화는 PC방이 생기면서 정점을 이뤘다. '스타크래프트'라는 게임이 유행했고, '배틀넷'에서 친구들을 만나고 모르는 사람들과의 만남을 통해 '길드'라는 것을 만들며 커뮤니티가 생겨났다. 자연스럽게 온라인으로 시작된 만남이 오프라인 만남으로도 이어졌다.

게임이 아니더라도 동창을 만나는 사이트인 '아이러브스쿨'이라는 디지털을 통해서 인간관계를 다시 찾게 되었다. 그뿐만 아니라 '스카이러브'에서 채팅을 하면서 서로 모르는 사람들과의 '번개'를 통해 새로운 만남을 만들기도 했다.

물론 이 시절 전에도 '하이텔'이나 '나우누리'와 같은 전화로 접속하는 통신 시스템을 통해서 동일한 취미를 가진 사람들이 대화를 나누고 모임을 형성하고 만나는 행동 패턴은 이미 있었다. 이 당시에 이런 활동이 폭증하면서 집 전화가 계속 통화 중이어서 부모님께 혼났던 기억을 가진 세대들도 있으리라.

이렇듯 예전에는 우리가 대면의 만남과 혹은 전화나 우편 등을 통해서 했던 수많은 인간관계가 인터넷의 보급과 다양한 온라인 채널들이 활성화되면서 디지털로 이동했다. 그 어떤 기존의 인간관계 시스템보다 가장 쉽고 빠르게, 실시간으로 소통할 수 있다는 것이 디지털 인간관계의 큰 장점이다.

디지털 인간관계를 가장 보편화시킨 것이 바로 '메신저'다. 친구부터 직장동료와의 대화까지 일상생활에서 필요한 수많은 의사소통을 메신저라는 형태를 통해 디지털로 나누었다. 그리고 스마트폰의 도입과 함께 메신저가 모바일로 이어지면서 컴퓨터 책상 앞에서만 있던 디지털 인간관계를 일상으로까지 끌고 왔다. 어쩌면 우리는 깨어있는 대부분의 시간을 디지털로 엮여있는 인간관계 속에 살고 있는지도 모르겠다.

즉 예전에는 내가 필요로 하는 상황에서만 우편이나 전화 등의 수단을 통해 관계를 유지하던 것이 컴퓨터의 발달로 한 단계

더 가까워졌고, 나아가 스마트폰의 보급과 메신저의 활성화 이후에는 내 동의 없이도 실시간으로 상대방과 연결되어있는 상태가 되었다. 이로 인한 피로도와 스트레스로 오히려 인간관계를 벗어나려는 움직임도 많다. CEO 모임을 통해서 만난 사람 중에서는 메신저를 아예 깔지 않는 사람도 있었고, 나 역시도 너무 많은 단체 메신저 방이 힘들어서 몰래 나오기 기능을 통해서 빠져나온 적도 있었다.

이렇게 시작된 디지털 인간관계가 외적인 매력이 되었든, 특정 분야의 전문성이 되었든, 내가 따라가고 싶은 라이프스타일을 가졌든, 그 어떤 이유에서든 SNS 채널을 통해 팔로우하고 싶은 누군가를 엿볼 수 있게 되었다. 버튼 하나만 누르면 내가 팔로잉하고 싶은 누군가를 계속해서 손쉽게 볼 수 있다. 즉 앞에 언급한 인간관계는 나와 친분이 있는 사람과의 관계가 메신저를 통해서 디지털로 옮겨온 것이라면, SNS는 내 지인과의 관계 +@로 확장된 인간관계로 만들어냈다.

결국 이것은 SNS의 기본적인 원리로 많은 팔로워를 보유한 집단들이 생겨났다. 지역적 한계를 포함한 인간이 맺을 수 있는 인간관계의 물리적 한계가 SNS를 통해서 더욱 확장되었다.

이전에는 TV를 대표로 하는 한정된 매체에 한정된 사람들이 대중들에게 알려지고 팔로잉을 받을 수 있는 사회였다면, SNS 플랫폼은 일반인들에게도 사람들의 팔로잉를 받을 수 있는 장소를 제공한다.

   지금은 연예인이나 유명인뿐만 아니라 각자의 매력과 강점을 가진 훌륭한 사람들이 정말 많다. 그래서 사람들은 디지털 시대 이전에 오프라인 대면 혹은 특정 매체로만 맺을 수 있었던 한정적인 인간관계가 이제는 다양한 SNS 플랫폼을 통해서 다양한 사람들과 팔로잉-팔로워 관계를 맺을 수 있는 시대다.

   그리고 이제는 디지털을 통해 누군가를 팔로우하고 인간관계를 형성하는 것이 매우 일상적인 패턴이다. 소위 말하는 4대 매체 즉, 신문, 잡지, 라디오, 텔레비전을 통해서 접할 수 있는 유명인만이 팔로우의 대상이었던 것이 지금은 누구든지 그 대상이 될 수 있는 시대다.

5

SNS의 원조는 한국

 마케팅에 대한 최신 트렌드와 실전 전략보다는 지금 이러한 마케팅이 왜 효과를 발휘하고 영향력이 있는지에 대해서 일반적인 접근을 통해 설명해보고자 한다. 인플루언서 마케팅은 인간의 본능적인 부분을 설명하고 동시에 공통적인 내용 중 하나가 지금의 SNS와 가장 유사하고, 어쩌면 원조 격일 수도 있는 채널 그리고 지금의 인플루언서로 활동하는 것과 가장 유사한 시작이 한국에서 가장 먼저 시작했다는 점이다.

아마 눈치 빠른 사람은 '싸이월드Cyworld'가 떠오를 것이다. 싸이월드가 진짜로 세계 최초인지 아닌지를 따지기 전에 최소한 미국에서 처음 시작된 마이스페이스My Space와 페이스북Facebook보다는 3년 이상 앞서서 시작되었다는 것에 주목해야 한다. 싸이월드는 1999년도에 오픈한 한국의 1세대 SNS다. 마치 기업이나 브랜드가 홈페이지가 있듯이 온라인상에 개인 홈페이지 개

념을 도입해 자신의 일상생활이나 좋아하는 것들을 올리면서 개개인의 삶과 정체성 등을 보여주는 최초의 채널이었다.

필름 카메라로 찍었던 사진들을 찾아서 디지털화해 싸이월드에 올리기 시작했고, 싸이월드에 올리려고 디지털카메라로 엄청나게 사진을 찍어 댔다. 사진 찍는 걸 좋아하지 않는 사람도 디지털카메라를 들고 다니면서 싸이월드에 올리려고 일상 사진을 찍었다. 맛집이나 카페에서 인스타그램에 올리려고 사진을 찍는 것과 같은 모습이다.

싸이월드에는 팔로워 개념과 유사한 '일촌'이 있었다. 일촌의 숫자는 그 사람의 유명세를 말해주기도 했다. 나 역시 일촌을 늘리기 위해서 엄청난 노력을 했다. 싸이월드에는 일촌 말고도 또 하나의 숫자가 있었다. 바로 'Today'다. Today는 내 미니홈피에 오늘 하루 몇 명이 방문했는지를 보여준다. Today가 많다는 것은 그만큼 내가 유명해서 나를 방문한 사람들이 많다는 것을 의미한다. 지금의 블로그 일일 방문자 수에 원조가 되는 개념이다.

Today를 늘리기 위해서 가장 많이 했던 것이 친구의 미니홈피에 가서 댓글을 남기거나 일촌평을 남기는 일이었다. 그렇게 하면 대부분 상대도 내 미니홈피에 방문해 글을 남겼기 때문이다.

약 20년이 지난 지금의 모습과 어떤가. 인스타그램을 통해 자신의 일상과 좋아하는 것을 올리고, 내 친구와 팔로잉-팔로워 관계를 맺으며 댓글도 남기고, 때로는 DM을 통해 개별적으로 소통한다. 또한 자신의 계정이나 포스트에 반응을 늘리기 위해서 다른 사람의 계정을 방문해 열심히 좋아요와 댓글을 남기는 행동 스타일이 거의 똑같다.

게임이나 메신저와 같은 특정한 목적이 필요한 디지털상 인간관계가 싸이월드와 같은 시스템을 통해서 자신의 일상을 보여주고 수시로 상대방의 일상도 확인하는 패턴으로 자리 잡으면서 이런 사람들에게 행태가 일상화되었다.

싸이월드에는 일촌과 Today 외에도 지금의 SNS와 아주 유사한 두 가지 시스템이 있다. 한 가지는 '파도타기' 기능이다. 바로 내 일촌의 일촌들을 탐색할 수 있는 기능으로, 내 친구의 친구들이 누구인지 볼 수 있다. 마치 인스타그램의 알고리즘에서 내가 팔로잉하는 사람들 혹은 팔로워들과 연계된 사람들을 보여주는 것과 비슷하다. 즉 파도타기 기능을 통하면 기존에 아는 사람과만 교류하는 것이 아니라 나와 연계될 수 있는 새로운 사람들과 연결되는 기회를 제공한다. 이런 시스템을 통해서 디지털로 맺을 수 있는 인간관계가 더 넓어졌다. 최소한 오프라인에서는 내 친구의 친구가 누구인지 알 수 있는 기회는 없었으니까.

두 번째는 '오늘의 미니홈피' 개념이다. 싸이월드 운영자들이 매일 한 사람씩 미니홈피를 선정해 싸이월드 메인페이지에 소개하는 기능이다. 오늘의 미니홈피로 선정되면 하루 동안 엄청난 방문자 기록이 남는다. 실제로 내 친구가 오늘의 미니홈피에 선정된 적이 있었는데, Today의 수치가 상상을 초월했다.

이는 SNS 알고리즘의 원조라 할 수 있다. 지금은 자동화된 시스템이 개개인의 관심사와 취향에 맞게 콘텐츠와 인물들을 추천해주지만, 이 당시에는 이런 알고리즘이 설계되기 전이어서 싸이월드 운영자들이 직접 주관적인 관점으로 일일이 오늘의 미니홈피를 뽑아서 메인페이지에 소개했다.

결론적으로 특정 인물을 많은 사람이 볼 수 있는 대표적인 공간에 소개해서 기존 팔로워들의 노출 범위보다 훨씬 넓게 노출시켜 특정 개인의 영향력이 기하급수적으로 커지는 흐름이 동일하다. 즉 한 사람이 일반적으로 가져갈 수 있는 인간관계의 범위를 확장시킬 수 있게 만든 시스템이 이미 싸이월드 때부터 존재했다. 그리고 이런 기능을 통해 싸이월드에서 지금의 인플루언서처럼 많은 팔로워를 확보한 사람들이 생겨나기 시작했다.

경험상 특정 인플루언서나 크리에이터의 팔로워 수가 빠르게 증가하는 시점은 그들의 계정이 알고리즘을 잘 타서 사람들의 추천영역에 뜨는 시점이다. 작용하는 시스템은 지금의 플랫폼들과 매우 다르지만, 결국 디지털로 자신을 보여주고 그것을 마음에 들어 하는 사람들이 특정 대상을 팔로잉하고 사람들이 팔로워로 보유하는 사람의 영향력이 커지는 시스템은 이미 20년 전 싸이월드에서부터 시작되었다.

싸이월드 시절부터 좋아했던 어떤 분은 당시 본인과 유사한 연령대와 관심사를 가진 사람들에게 연예인만큼 많은 인기를 얻었는데, 이후 자신의 영향력을 잘 활용해서 쇼핑몰로도 성공하고 지금까지도 강력한 팬덤을 가지고 활동 중이다.

SNS 채널의 원조격으로서 싸이월드가 오프라인에서의 친구 개념을 디지털상에서 일촌이라고 명명한 부분부터 파도타기나 Today와 같은 기능을 통해 기존의 인간관계를 확장시키면서 영향력을 가진 개인을 키울 수 있게 만든 패턴은 현재의 SNS와 매우 닮아있다.

6

'친구'에서 '팔로워'로의 변화

싸이월드가 국내 SNS의 원조격이었다면, 이를 세계적인 트렌드로 만든 것은 미국의 '페이스북'이다. 2003년 마크 주커버그Mark Zuckerberg가 만들었던 페이스북의 전신인 웹사이트 페이스매시Facemash는 하버드대학교에서 학생들끼리 사진을 비교해 누가 더 매력적인지를 투표하는 용도였다. 그러나 학생들의 사진 데이터를 수집하려고 하버드 내부 네트워크를 해킹했기 때문에 서비스는 48시간 만에 폐쇄되었다.

하지만 이를 계기로 주커버그는 디지털로 만들어낼 수 있는 사람들의 네트워크 확장성을 깨닫고, 2004년 2월 '더페이스북Thefacebook'이라는 웹사이트를 런칭했다. 이것이 메타Meta의 전신이다.

더페이스북은 하버드대학교 내에서 큰 인기를 끌었는데, 처음에는 하버드 학생들만 가입했던 시스템을 스탠포드대학교를 포함한 다른 유명 대학생들에게도 가입 기회를 열어주면서 점점 확대되었다. 2006년부터는 일반인들도 가입이 가능하면서 글로벌 플랫폼으로 성장해 현재 전 세계 사람들이 사용하는 대표 SNS가 되었다.

우리의 경우와 비교하자면 싸이월드의 일촌이 페이스북에서는 친구라는 개념으로 바뀌고, 싸이월드에 일촌평을 남기듯이 담벼락wall에 글을 남기면서 소통하는 매우 유사한 개념이다. 아마 이 당시만 해도 지금의 '파워블로거', '파워인스타그래머'라는 개념처럼 특정인이 많은 추종자를 가지고 있는 파워 유저라는 개념은 많지 않았다.

우리가 '파워페이스부커'라는 말은 거의 쓰지 않는다. 물론 원래 유명인이었고, 원래 많은 팬덤을 가진 사람들은 페이스북에서도 친구를 많이 보유하지만, 일반인이 특정 전문성으로 수많은 친구를 가지는 경우는 대중화되지 않았다.

즉 이런 SNS에서의 네트워크는 누가 누구를 팔로잉하고, 팔로워가 되는 관계라기보다는 서로 소통하고 쌍방향의 인터액션이 주가 되는 친구와 같은 동등한 사이였다. 나 역시도 싸이월드와 페이스북을 하면서 무엇인가를 배우거나 혹은 다른 사람의 라이프스타일을 엿보는 등의 목적보다는 주로 친구들과 소통하는 목적으로 사용했다.

한국에서 가장 오랜 기간 활성화된 채널인 네이버 블로그가 팔로우라는 개념이 아닌 '이웃'이라는 단어를 쓰는 것도 같은 맥락이다. 즉 자신의 생각이나 일상을 기록하는 것은 유사해도 아는 사람들 간의 의사소통이 주가 되는 시스템이었다.

하지만 2010년 인스타그램이 출시되면서 상황이 바뀌기 시작했다. 인스타그램도 최초부터 이런 팔로워 구조에 강한 목적성을 둔 사이트는 아니었다. 원래는 '버번Burbn'이라는 위치 기반 체크인 앱이었는데, 이런 과정에서 사람들이 사진을 공유하는 것에 큰 관심을 가지는 것을 보고 이미지 공유 기반의 앱으로 바꿨다.

기존의 페이스북이나 다른 SNS 채널들의 태생이 PC 기반으로 시작한 것과 달리 인스타그램은 처음부터 모바일에 특화된 플랫폼으로 만들어졌다. 스마트폰의 사용 경험에 최적화되어서 사람들이 이용하기가 쉬웠으며 무엇보다 텍스트보다 사진과 이미지 등을 기존 채널들보다 훨씬 더 쉽게 업로드하고 공유할 수 있어서 큰 인기를 얻었다.

인스타그램의 가장 강한 기능 중 하나가 '필터 효과'였다. 당시만 해도 스마트폰의 카메라 화질이 좋지 않았고, 개개인이 포토샵과 같은 후보정을 일일이 하기에 번거로웠다. 하지만 인스타그램은 사진을 좋은 화질로 쉽게 올려줄 수 있는 필터를 가지고 있었기 때문에 폭발적인 인기를 얻었다. 이미지 기반으로 시작된 앱으로서 강력한 필터 효과 기능을 통해 비주얼 중심의 콘텐츠가 오고 가는 플랫폼이 되면서 셀럽이나 유명인이 많이 사용했다.

특히 패션이나 뷰티 분야의 유명인들이 인스타그램에서 활발하게 활동했다. 여기서 자연스럽게 팔로우 개념이 생겨났다. 즉 기존에 싸이월드와 페이스북은 주로 이미 알고 있는 지인 간의 관계 혹은 거기서 조금 더 확장된 학교 같은 범위 내에서의 관계 확장이었다면, 인스타그램 시대부터는 팔로우를 통해서 내가 좋아하는 셀럽들의 평소에 보지 못하는 일상의 모습도 볼 수 있고, 평소에는 알지 못했던 다른 유명인들의 일상생활도 엿볼 수 있게 되면서 팔로우의 개념이 자연스럽게 우리 생활 속으로 스며들었다.

그리고 반드시 엄청난 인지도를 가진 유명인이 아니더라도 특정 분야의 전문성을 가지고 있거나, 내가 원하는 라이프스타일을 가지고 있거나, 내가 좋아하는 스타일의 멋진 외모를 가진 일반인들이 많은 사람의 팔로잉을 받게 되면서 '인플루언서' 그룹으로 성장했다. 이전에는 TV를 포함한 한정된 미디어에 노출될 수 있는 일부 사람들(가수, 배우 등)만이 누군가의 팔로잉을 받고 팬을 가졌던 시대였다면, 인스타그램 시대부터는 일반 사람들도 자신의 채널을 통해 팔로잉을 받고 자신의 팬을 보유하는 시대가 시작되었다.

팔로워는 기존의 싸이월드와 페이스북에서 일컫는 일촌이나 친구라는 단어가 주는 어감과는 직관적으로 느껴지는 의미가 분명히 다르다. 일촌, 친구는 나와 아는 사이 혹은 동등한 관계라는 어감이지만 팔로잉, 팔로워는 일방향성이기도 하고 단어 의미대로 '누구를 따른다'라는 뜻이다. 내가 배울 것이 있는 누군가든, 정서적으로 공감이 가는 누군가든 어떤 이유에서든지 누군가를 추종한다는 의미로 변화된 문화의 핵심이다. 그래서 이런 관계와는 별도로 기존의 친구와 지인과의 사이는 '맞팔'이라고 별도로 표현하기도 한다.

앞서 말한 대로 누군가를 모방하고 따라 하고 싶은 인간의 원초적 본능이 SNS를 만나면서, 모방과 추종의 대상 범위와 빈도수가 팔로우 시스템을 통해서 더욱 더 넓어지고 일반화되었다.

7

'팔로워'에서 '구독자'로의 진화

 2005년 페이스북이 더페이스북에서 '더 the'를 버리고 지금의 facebook.com으로 출발하면서 또 다른 거대한 변화의 물결이 시작되었다. 지금 전 세계 동영상 분야를 압도적으로 점유하고 있는 '유튜브 YouTube' 가 같은 해에 공식 런칭되었다.

2005년 4월 유튜브의 공동 창업자였던 자웨드 카림 Jawed Karim 이 '동물원에서 나 Me at the zoo'라는 제목으로 샌디에고 동물원에서 촬영한 18초짜리 영상을 올렸는데, 이것이 유튜브 최초의 영상이었다. 이 영상을 시작으로 지금은 약 140억 개 이상의 영상이 유튜브에 올라와 있다. 아마 첫 영상을 올렸을 20년 전에는 이런 거대한 변화의 흐름을 주도할 시작점이 될 것이라고는 아마 상상도 하지 못했을 것이다.

최초 유튜브 영상

인스타그램이 편리한 스마트폰의 필터 효과로 이미지 기반의 콘텐츠를 쉽게 올리고 공유하며 성장했다면, 유튜브는 동영상 콘텐츠를 사용자가 쉽게 올리고 스트리밍 방식으로 감상할 수 있는 시스템을 제공함으로써 성장했다. 그리고 유튜버들이 영상을 올리고 광고 수익을 받을 수 있도록 유튜브 파트너 프로그램이라는 것을 도입해 더 많은 영상 창작자들을 플랫폼으로 끌어들였다. 이때만 해도 개인 유튜버들의 활동은 그렇게 활성화되지 않았다.

하지만 2010년대에 스마트폰이 보급되면서 모바일을 통한 유튜브 시청이 가능해짐에 따라 사용량이 증가했다. 이에 따라 점점 개인 크리에이터들(창작자)도 증가했고, 1인 미디어들이 영상을 통해 적극적으로 활동하기 시작했다.

소제목에서 '친구에서 팔로워'는 '변화'라는 단어를 썼지만, '팔로워에서 구독자'는 '진화'라는 단어를 썼다. 지금이야 인스타그램이 짧은 영상의 숏폼 형태인 릴스Reels가 많아졌지만, 이전만 해도 인스타그램은 영상 콘텐츠가 크게 활성화되지 못했다. 말 그대로 이미지 기반의 SNS 플랫폼이었다.

그런데 유튜브는 조금 달랐다. 영상을 통해 콘텐츠를 보여줘야 해서 기획 단계에서부터 좀 더 전문성이 따라야 했고, 자막

삽입이나 편집 등 후작업이나 추가 기술들을 요구했다. 즉 크리에이터 입장에서 인스타그램보다 준비부터 최종 업로드까지 시간과 노력이 더 들어갔다. 대신 그만큼 영상을 통해 팬들과 조금 더 가깝게 다가가고 전문성을 인정받을 수 있었다. 어쩌면 유튜브는 친근하게 접촉했던 TV 매체와 가장 유사한 포맷이다. 그래서 유튜브는 팔로워가 아닌 영상을 구독한다는 의미로 '구독자subscriber'라고 말한다.

유튜브는 이미지가 아닌 영상 콘텐츠이기 때문에 뭔가를 배우기에도 훨씬 용이한 툴이다. 내가 갖지 못한 기술이나 나보다 뛰어난 능력을 가진 사람에게 배우려는 인간의 기본 본능이 유튜브에서 강력하게 발휘된다. 우리는 유튜브를 '유 선생'이라고 부르며 궁금하거나 배우고 싶은 것이 생기면 자연스럽게 유튜브를 찾는다.

그리고 이제는 꼭 특정한 기술을 배우는 것이 아니라 삶에서 필요한 많은 정보를 기본적으로 유튜브를 통해서 얻는다. 내 경우 전문 마케팅에 대한 사례 연구, 직원들에게 알려주고 싶은 자기계발, 투자 공부 그리고 마음챙김과 명상과 같은 것까지 모든 분야를 유튜브를 통해서 매일매일 지식과 정보를 얻는다.

그리고 꼭 교육이나 배움을 위한 구독이 아니더라도 취미생활을 하고 음악을 듣고 재미난 영상을 보며 즐거움을 얻는 것도 유튜브를 통해서 이루어진다. 그곳에서 내가 추종하고 싶은 사람을 단순히 팔로우하는 것을 넘어서 '구독'하는 형태를 통해 내 삶에 필요한 모든 정보를 얻는다. 유튜브는 이 모든 것들을 개개인의 일상과 아주 가깝게 만들어준다.

파워유튜버들의 영향력은 대단하다. 브랜드 런칭과 관련해서 어떤 유튜버들을 만날 일이 있어서 사전에 모니터링을 했다. 어떤 활동을 하고, 어떤 콘텐츠에 전문성이 있는지 미리 알기 위해서다.

첫 번째로 받은 충격은 해외 팬 미팅 영상이었다. 팬 미팅을 하는 것만으로도 대단한데 심지어 해외로 팬 미팅을 초청받아서 간 일이다. 그리고 공항에서 유튜버를 보러 온 팬들 모습이 마치 아이돌을 맞이하는 모습 같았다.

두 번째로 내가 유튜버와 만나고 있는데 지나가던 구독자가 그를 알아보고 사인을 요청하는 것을 여러 번 목격했다. 파워유튜버라는 인플루언서 마케팅이 존재하기 전 블로그와 인스타그램의 유명인들과 일을 할 때는 팬 미팅이나 사인 요청 등은 본 적이 없었기 때문이다.

세 번째로 모 유명 화장품 브랜드의 글로벌 행사에서 경험한 일이다. 해당 브랜드의 글로벌 엠버서더인 어느 해외 셀럽이 방한했는데, 그 첫 번째 미팅이 다름 아닌 뷰티 유튜버들이었다. 매체나 전통 미디어들과 먼저 인터뷰하는 것이 일반적이었는데, 이제는 유튜버들을 가장 먼저 만나는 것을 보고 바뀌어 가는 시대를 목격할 수 있었다.

이렇듯 팔로워와 구독자의 차이를 알 수 있다. 물론 인스타그램 인플루언서의 영향력이 떨어진다는 의미는 아니다. 다만 영상 콘텐츠로 소통하고 구독의 형태로 네트워크가 형성될 경우 더욱 강력한 힘을 발휘할 수 있다는 점에 주목해야 한다.

이렇듯 우리의 인간관계가 디지털로 이동하면서 최초에는 마치 오프라인에서 만나는 친구 같은 지인과의 소통으로 시작된 활동들이 '친구'에서 '팔로워'로, '팔로워'에서 '구독자'로 변화되면서 현재의 SNS가 개개인의 삶에 깊이 있게 파고들어 하나의 일상이 되었다.

8

**영향력을 팔로워 수로
보여주는 시대**

기업이나 브랜드는 개개인의 밀접한 영향을 끼치는 유명 인플루언서와 크리에이터를 가만두지 않았다. 브랜드의 인지도가 없던 제품이 크리에이터의 리뷰 한 번에 수억 원이 팔리고, 잘 팔리지 않아 재고로 쌓여있던 제품이 인플루언서와의 콜라보를 통해서 팔리는 현상들을 주변에서 종종 보고 듣는다. 당연히 기업들은 이들을 통한 마케팅 활용에 큰 관심을 가질 수밖에 없다.

몇 년 전의 일이다. 연매출 100억 원 정도 하는 브랜드에서 디지털 마케팅 관련 자문을 구해왔다. 좋은 전략적 조언을 위해서 기본적으로 확인하는 것 중의 하나가 현재 물건이 팔리고 있는 주요 유통 라인이 어떻게 되느냐다. 주요 판매처가 어디인지에 따라서 전략이 달라질 수 있기 때문이다.

그런데 이 브랜드의 유통 라인은 고작 인플루언서 10명 정도가 전부라고 했다. 100억 원 매출에 인플루언서 10명이 유일한 유통 라인이라고? 그럼 인플루언서 한 사람이 제품을 10억씩 판매한다고? 이제는 인플루언서가 단순한 영향력을 넘어서 강력한 판매영향력을 가진 집단으로 성장하고 있다는 것을 알 수 있었다.

이뿐만이 아니다. 연세대학교 경영대학원에서 임원들을 대상으로 하는 Executive MBA 과정 특강을 나갔다. 유독 한 분이 내 강의에 집중했는데, 그 회사 역시 주요 유통 라인 중 하나가 인플루언서였다. 꽤 큰 규모의 기업이나 인정받는 회사의 임원들이 듣는 과정이었는데, 이들에게도 인플루언서의 영향력이 발휘되고 있음을 알 수 있었다.

"A 브랜드가 어떤 크리에이터랑 마켓을 열어서 단 며칠 동안 수억 원어치를 팔았어요."
"B 인플루언서가 브랜드를 만들어서 한 달 만에 10억 원 이상을 팔았대요."

최근 이런 이야기들을 종종 듣는다. 물론 모든 기업이 인플루언서 마케팅으로 좋은 판매 성과를 만들어내는 것은 아니다. 실제로 실패한 사례도 많으며, 많은 부분은 직접 판매가 아닌 브랜드의 인지도 증대를 위한 목적, 소비자들의 구매 준거가 될 사용후기를 소셜 채널에서 쉽게 찾을 수 있도록 하는 목적 등 다양한 목표를 가지고 인플루언서 마케팅이 활용된다.

그렇다면 인플루언서 마케팅을 하는 데에 브랜드나 기업들이 인플루언서를 섭외하는 지표는 무엇일까? 우리는 어떤 지표를 보고 '아! 저 사람은 파워유튜버구나!', '저 사람은 인스타그램 인플루언서구나!'라고 평가할까?

아주 간단하다. 인스타그래머라면 팔로워 수를 볼 것이고, 유튜버라면 구독자 수를 볼 것이다. 즉 그 사람의 영향력을 그들의 팬과의 관계나 콘텐츠의 품질로 보기 이전에 일단은 겉으로 보이는 팔로워(구독자) 숫자로 판단한다.

조금 더 마케팅 실무적인 이야기를 덧붙이자면, 브랜드의 마케팅 결과 평가 중에 'EMV$_{\text{Earned Media Value}}$'가 있다. 주로 글로벌이나 외국계에서 많이 사용하는 용어로, 내 경우 글로벌 브랜드와 많이 일하고 있어서 항상 기본적으로 측정해야 하는 성과지표다. 마치 방송이나 잡지처럼 이제는 인플루언서 한 사람 한 사람의 채널도 미디어의 역할을 하고 있으며 이들의 비용도 매우 높기 때문에, 브랜드에서는 이 채널에 대한 가치를 돈으로 환산해 가치평가를 한다.

즉 인플루언서의 채널 가치평가에서도 팔로워(구독자)의 규모가 기본적으로 크게 작용한다. 당연히 좋아요나 댓글 반응 같은 참여도도 가치평가에 작용은 하지만, 기본적으로는 채널의 규모가 커야 마케팅 성과를 평가하는 가치평가값도 커지게 된다. 마치 TV에서 시청률이 높아야 보는 사람이 많다고 판단하고, 잡지도 발행부수가 많아야 보는 사람이 많다고 생각하는 것과 같은 맥락이다.

이런 이유에서 일반인이 평가하든, 기업이나 브랜드의 마케팅에서 평가하든 일단은 채널의 진정성이나 팔로워(구독자)와의 관계보다는 겉으로 보이는 채널의 규모가 가장 큰 평가의 기준이 된다.

결국 팔로워(구독자)의 숫자로 영향력을 판단되는 시대다. 그리고 타인의 평가가 아닌 자신이 스스로를 바라보는 기준에서도 운영하는 채널의 성공을 팔로워(구독자)의 숫자로 지표화하게 되었다.

2장

그래서 생긴
문제

9

불필요한 숫자 경쟁

팔로워 규모로 인플루언서와 크리에이터의 영향력을 평가하면서 업계에서는 많은 폐해가 생겼다. 채널이 콘텐츠와 의사소통을 통한 팔로워들과의 신뢰 관계로 인정받으며 점진적으로 성장하기보다는 짧은 시간 내에 겉으로 보이는 규모를 키우기 위한 행동들이 생겨났기 때문이다.

바로 팔로워를 구매하는 일이다. 불법적인 행위임에도 불구하고 너무나 쉽게 값싼 비용으로 팔로워들을 살 수 있는 일종의 언더마켓이 형성되었다. 이는 팔로워 한 명당 비용을 지출하면 팔로워 수가 증가하는 형태다. 마이크로 인플루언서 수준이라고 인정받을 수 있는 몇만 명 정도의 팔로워를 사는 데 큰돈을 투자하지 않아도 가능하다. 일단 인플루언서라고 알려지면, 기업이나 브랜드로부터 광고를 받게 되니까 결과적으로 적은 투자 비용으로 수익을 낼 수 있다는 점에서 수많은 사람들이 유혹을 당한다.

하지만 이런 행위는 일시적으로는 규모가 있어 보이게 하는 효과는 있지만 궁극적으로 계정이 자연스럽게 성장하는 것을 막는 요인이 된다. 오히려 계속해서 팔로워를 구매하지 않으면 숫자 유지가 어려워져서 계속 팔로워를 사야 하는 악순환이 시작된다.

생각해보자! 일반적으로 플랫폼 알고리즘은 공통의 관심사를 가진 사람들에게 '좋은' 계정을 추천한다. 추천을 받으면 계정의 콘텐츠가 인정받으면서 팔로워 수가 차츰 늘어나고 성장한다.

그렇다면 플랫폼 알고리즘이 원하는 좋은 계정이란 무엇인가? 지속적으로 콘텐츠가 저장되고 팔로워들에게 공유되는 계정이다. 그와 동시에 내 팔로워들이 평소에 얼마나 자주 들어오는지도 좋은 계정을 판단하는 알고리즘이 된다. 이벤트나 후킹성(낚임) 콘텐츠로 들어와서 팔로우를 했다가 다시는 그 계정에 들어오지 않는 팔로워들이 많은 계정은 알고리즘에서 좋은 채널로 평가하지 않는다.

일시적으로 한 번 들어와서 재방문하지 않는 팔로워 비중이 큰 채널은 좋은 평가를 받기 어렵다. 심지어 구매를 통해 팔로워 수를 늘린 계정은 다시 해당 채널에 접속하지 않는, 그야말로 팔로우 버튼만 눌러놓고 이후에는 아무런 반응을 하지 않는 유령 계정들이 넘쳐나 오히려 마이너스 성장의 요소가 될 뿐이다. 팔로워를 구매하는 데 쓰이는 계정들 자체에 문제가 있다고 평가하기 때문에 이런 사람들의 유입만으로도 악영향이 된다.

내가 진정성 있게 1,000명을 늘리고 9,000명의 팔로워를 사서 1만 명의 계정을 만들었다고 가정하자. 그중에서 9,000명은 살아있지 않은 즉, 다시는 재방문하지 않는 계정이 되었을 때 알고리즘은 어떻게 반응할까? 이 계정을 좋은 계정이라고 평가해 유사 관심사나 타겟을 가진 계정에 계속 나를 추천해줄까? 절대 그렇지 않다. 내 계정은 알고리즘이나 추천으로 더 이상 노출되지 않으며, 이는 앞으로 자연스럽게 성장하는 것이 불가하다는 의미다.

우연히 팔로워가 2만 명 정도 되는 인스타그래머를 만난 적 있다. 이런 주제로 대화를 나누었는데, 그는 2,000명의 팔로워까지 키우다가 그 이상 성장이 되지 않자 1만 8,000명 정도의 팔로워를 구매했다고 고백했다. 나는 속으로 엄청난 충격을 받았다.

'우리가 겉으로만 보이는 숫자에 속고 있었구나.'

그들에게도 이유는 있었다. 한국에서는 인스타그래머보다는 블로거라는 집단이 먼저 기업이나 브랜드의 마케팅 수주를 받았다. 그래서 파워블로거가 인플루언서로서는 조금 더 원조였다.

그런데 블로거 중에서 시대의 흐름에 맞춰 발 빠르게 인스타그램으로 전환을 한 사람도 있지만, 그렇지 못한 사람들도 많았다. 어느 순간부터 브랜드들이 블로거보다 인스타그램의 인플루언서를 더 선호하기 시작했다. 자신보다 빠르게 인스타그램을 시작해 성장한 사람들에게 광고 기회가 많아지다 보니 마음이 급해져 빠른 시간 내에 규모를 키우려고 팔로워를 구매했던 것이다.

하지만 이렇게 팔로워를 구매한 계정의 결과는 어떨까? 결국 알고리즘부터 나쁜 인식을 그대로 받게 된다. 이런 불법적인 행위로 인해 채널이 사용 불가하게 되거나 삭제되는 경우도 생겨났고, 삭제되지는 않더라도 계속해서 팔로워를 사고 또 사는 악순환의 고리를 끊지 못하는 경우도 생긴다.

결국 팔로워를 구매한 채널은 알고리즘을 통한 관심사 타겟 노출이 힘들어지면서 자연스럽게 성장이 멈춘다. 그러니 팔로워를 유지하거나 규모를 키우려면 꾸준하게 구매하는 방법을 선택할 수밖에 없다. 다른 채널들은 계속 번창하는데 자신은 그 자리에

머물러 있으니, 팔로워 구매의 유혹을 뿌리치지 못한다.

팔로워를 구매한 계정은 그 자체만으로도 불법적인 형태가 많다. 이렇게 계정을 판매하는 업체들은 적게는 수천 명에서 많게는 수만 명 이상의 아이디를 보유하고 있어야 하는데, 정상적인 방법으로는 그 많은 아이디를 만들 수가 없으니 계정의 명의 자체를 해킹해서 만들어진 아이디도 많다.

이렇게 비정상적이고 불법적인 방식으로 생성된 아이디가 많아서 해당 계정이 삭제되는 상황들이 빈번히 발생하며, 이 과정에서 당연히 본인의 팔로워 숫자도 덩달아 줄어든다. 성장은 고사하고 원래의 규모라도 유지하려면 계속해서 팔로워를 구매할 수밖에 없는 상황에 이르게 된다.

이런 사례들을 통해 팔로워 수의 집착이 결국 팔로워 구매라는 잘못된 행동으로 이어져, 오히려 역성장하는 결과를 초래한다는 것을 명심해야 한다.

10

가짜 인플루언서가
판치는 세상

 많은 인플루언서가 팔로워를 사고, 그래서 이 시장의 많은 부분이 가짜라는 의미는 절대 아니다. 말하고 싶은 것은 팔로워 숫자에만 현혹되어 기업이나 브랜드가 그걸 걸러내지 못하고 그들을 마케팅에 활용한다는 점이다. 일반인들 역시 진짜 영향력이 있는 인플루언서인지 아닌지를 구분하지 못한다.

대부분의 인플루언서는 진정 어린 콘텐츠를 양산하고 담기 위해 최선을 다하고, 자신의 팔로워들과 꾸준히 소통하며 훌륭히 채널을 이끌어간다. 특히 수십만 이상의 단위로 넘어가는 소위 메가급 규모의 계정들은 팔로워 구매로만 갈 수 있는 단계가 아니다. 다만 '가짜 인플루언서가 판친다'라는 표현을 통해 강조하고 싶은 것은 우리가 최대한 이런 사람들을 걸러내는 방법을 알아야 하고, 팔로워의 숫자로만 모든 것을 판단하려는 관점을 바꿔야 한다는 것이다.

이 책의 제목 역시《팔로워 시대의 몰락》인 이유도 이 시장을 바라보는 지표와 시각의 변화가 필요하다는 취지와 일맥상통한다.

앞으로 인플루언서가 가진 팔로워 중에서 몇 명이나 콘텐츠를 제대로 보는지에 대한 현실적인 이야기를 다룰 예정이다. 처음 접한 사람들은 다소 충격적일 수 있다. 소위 '가짜 인플루언서'의 계정은 엄청난 팔로워 규모에 비해 실제 도달수는 매우 낮게 나오기 때문이다.

다만 다행인 것은 점점 이런 현실을 이해하는 사람들이 많아지고 있다는 점이다. 얼마 전까지만 해도 인플루언서 마케팅을 모든 홍보가 다 해결되는 만능키처럼 여겼다. 그러나 막상 해보니 생각만큼 결과가 따르지 않았고, 때로는 막대한 예산에 비해 실패가 컸던 사례도 많았을 것이다. 이런 실패 사례들이 반복되면서 비즈니스에 경험이 쌓이고 학습되다 보니 점점 더 인플루언서 마케팅에 대한 기대치와 현실적인 목표가 낮아졌다.

그럼에도 불구하고 팔로워의 위력을 통해 팬덤을 가진 인플루언서는 여전히 강력한 힘을 지니고 있다. 오히려 이들의 영향력은 점점 더 커져가고 있다. 하지만 이전과 달리 메가급의 규모는 아니어도 작은 규모의 팔로워를 보유하고 있어도 좋은 영향력을 가진 사람들에게 더욱 가치를 부여한다. 오히려 이런 채널들이 더 많이 생겨나고 성장하는 추세다.

따라서 단순히 인플루언서 마케팅을 부정적인 시각으로 바라보려는 것이 아니라 기존 세태에 대해 경각심을 일깨우면서 현실을 직시하자는 의미다. 즉 오로지 팔로워 숫자에 대한 집착이 아닌 채널에 대해 제대로 평가를 내릴 줄 알아야 한다. 현업에서 인플루언서 마케팅을 활용하는 사람들이나 일반 대중들이 이를 걸러내는 올바른 시각을 가진다면, 여러 수단을 동원해 팔로워 수를 늘리려는 가짜 인플루언서는 자연스럽게 줄어들 것이다. 결국 콘텐츠와 팔로워와의 소통에 집중해야 한다. 그러다 보면 팔로워의 규모는 저절로 성장하게 된다.

이렇게 가짜로 변질된 디지털 세상에서 기업이나 브랜드는 그들을 걸러내기 위한 노력을 시작했다. 구매로 과장되게 부풀려진 사람들을 가려내면 그만큼 광고 효과도 좋아지고 비용 지출에 대한 효율성도 늘릴 수 있다.

이제부터 어떻게 가짜 인플루언서들을 가려내기 시작했는지를 두 단계의 과정으로 설명해보고자 한다.

11

가짜를 걸러내라
_ 1단계

 팔로워를 구매해 채널 규모를 부풀리려는 행동은 우리에게만 국한된 것은 아니다. 전 세계적으로 팔로워 수가 사람들의 영향력을 판가름하는 기준으로 보는 것은 동일하다. 그런데 막상 이들에게 비용을 지불하고 마케팅을 해본 결과, 그만큼 가성비가 나오지 않는 것을 알게 되면서 가짜 인플루언서를 걸러내야 한다는 움직임이 대두되었다.

그 시작이 바로 이들에게 비용을 집행해서 마케팅하는 브랜드다. 이들은 이러한 사실을 알고도 그냥 돈을 쓸 수는 없는 상황이 되었다. 그 첫 시작이 바로 참여율 Engagement Rate 을 측정하는 것이다.

팔로워 구매로 이루어진 유령 계정들은 거의 활동하지 않는다. 그래서 이들은 좋아요나 댓글 등의 반응이 없어서 게시글에 달리는 반응을 책정하면, 이 채널의 진성여부를 가려낼 수 있다고 판단한 것이다. 이것이 참여율인데, 대개 약자 E.R.로 표기한다.

조금 더 구체적인 공식으로 설명해보자면, 개인이 가지고 있는 팔로워의 전체 숫자 중에서 몇 명이나 콘텐츠에 반응하는지를 퍼센트로 수식화한 것이다.

참여율 E.R. 공식

$$E.R. = \frac{\text{컨텐츠 1개에 달리는 평균 반응 수(좋아요/댓글)}}{\text{팔로워 전체 숫자}} \times 100$$

예를 들어, 어떤 계정의 팔로워 수가 1만 명인데 게시글 1개를 올리면 좋아요 및 댓글이 평균 100개 정도가 달린다고 가정한다. 이때 참여율은 1퍼센트가 된다.

$$E.R. = \frac{100}{10,000} \times 100 = 1\%$$

많은 기업과 브랜드에서 인플루언서를 섭외할 때 이 공식을 활용한다. 참여율 즉, E.R이 몇 퍼센트 이상인지 그 기준으로 섭외를 결정한다. 그렇다면 과연 국내에서 일반적으로 활동하는 수많은 인플루언서의 평균 참여율은 몇 퍼센트일까? 셀렙 또는 특정 분야의 전문성, 혹은 강력한 팬덤을 가지고 있는 그룹 외에 일반적으로 브랜드 제품을 리뷰하거나 행사장에 방문하는 활동을 하는 마이크로 인플루언서의 평균 E.R.은 1퍼센트 내외다. 즉 2만 명 정도의 팔로워를 보유하고 있다면, 게시글 하나당 200개 내외의 좋아요 및 댓글을 받는다.

이 수치에 대해 어떻게 생각하는가? 브랜드에서는 참여율을 낮게 보고, 평균 5퍼센트 이상의 사람들만 섭외해달라는 요청을 받기도 한다. 하지만 현실적으로 참여율이 높은 채널이 생각만큼 많지 않기도 하고 섭외 문턱에서 좌절하는 경우가 많아 1퍼센트 내외의 비율이면 그냥 평균수치라고 인식하는 경향이다. 1퍼센트를 만족해서가 아니라 어쩔 수 없는 현실로 인정한다는 의미다.

여기서 발생된 또 하나의 문제는 앞서 이야기한 가짜 인플루언서 혹은 팔로워의 수는 진성인데 팔로워에 비해 참여율이 1퍼센트도 안 나오는 채널들은 좋아요 및 댓글까지도 돈을 주고 구매한다는 것이다. 큰돈을 들이지 않고도 단번에 좋아요 1만 개를 달성해 참여율을 높일 수 있다.

팔로워 수를 구매하는 가짜 인플루언서를 걸러내기 위해 참여율을 도입했는데, 다시 참여율을 높이려고 좋아요 및 댓글을 구매하는 상황에 이르니 가짜를 걸러내기가 녹록지 않은 현실이 되어버렸다.

　마케터들은 판단에 대한 시각을 또 한 번 흐릿하게 만드는 가짜 수치 때문에 다시 고민이 시작되었다. 가짜 숫자를 구분해내려고 공식까지 만들어 기준을 잡았더니 또 다른 가짜 숫자가 등장해, 결국 무의미한 숫자 평가로 만들어버렸으니 말이다.

12

가짜를 걸러내라
_ 2단계

 팔로워뿐만 아니라 좋아요 및 댓글까지 구매하는 상황은 전 세계적으로 비슷하다. 기업이나 브랜드 역시 이에 속지 않으려고 꾸준히 노력해왔다. 이러한 폐해를 극복하기 위한 움직임은 해외에서 먼저 시작되었다.

  나는 다수의 글로벌 브랜드와 비즈니스를 하면서 해외에서 빠르게 변하는 트렌드와 마케팅 방식을 먼저 배운다. 각국 브랜드의 해외 시스템을 먼저 정확하게 이해해야 국내에서도 제대로 홍보할 수 있기 때문에 먼저 배우고 학습할 수 있는 환경에 있다.

  가짜를 걸러내는 2단계 방법도 몇 년 전에 모 유명 글로벌 브랜드와 일하면서 습득했다. 특히 내가 주로 마케팅하는 분야가 유행에 민감함 패션과 뷰티를 주로 다루고 있어서 그 어떤 분야보다 인플루언서에 대한 의존도가 높고 빠르게 대응하다 보니 이런 전략들이 가장 필요했다.

2단계는 팔로워들의 국적(언어), 진성여부, 성별과 연령, 관심사 등 '팔로워들의 인사이트를 분석'하는 것이다. 가장 기본적으로 가짜 인플루언서를 쉽게 걸러내는 방법은 국적 비율이다. 일반적으로 팔로워 수를 가장 싸게 사는 계정들이 바로 자국민이 아닌 해외의 유령 계정을 사는 것이기 때문이다. 팔로워들의 국적을 보면 이 사람이 팔로워를 구매했는지의 여부를 직관적으로 판단할 수 있다. 특히 팔로워 국적이 생소한 국가가 포함될 때가 있는데, 이럴 경우 대부분이 가짜 팔로워다.

하지만 실제로 외국에서 유명해서 그 나라의 국적 사람이 많을 수도 있지 않은가. 당연히 그럴 수 있다. 다만 이런 사람들은 계정의 운영과 특정 국적과 전혀 매칭이 되지 않기 때문에 데이터를 보면 바로 걸러낼 수 있다. 즉 특정 해외 국적의 팔로워가 많은데, 해당 국가의 언어나 해당 국가와 관련된 콘텐츠가 전혀 없는 경우에도 실제와 연관성이 떨어질 수 있다.

그리고 많은 계정의 국적 데이터를 검토해본 결과, 유튜브의 경우는 미국을 포함한 특정 나라에 특화된 사람들을 볼 수 있지만, 인스타그램으로 활동하는 인플루언서의 경우는 대부분 국내 활동에만 특화되어 있어서 갑자기 뜬금없이 동유럽이나 중동 등의 국적을 가진 팔로워가 많은 경우는 대부분 팔로워를 구매한 사람들이라고 보면 된다.

그리고 이런 해외 팔로워들의 특징은 본인 활동이 거의 없고, 팔로잉만 비정상적으로 많은 것을 확인할 수 있다. 본인의 피드에는 게시물이 거의 없거나 한두 개 정도고, 팔로잉 수치만 매우 높은 경우가 대부분 유령 팔로워에 쓰이는 계정이다.

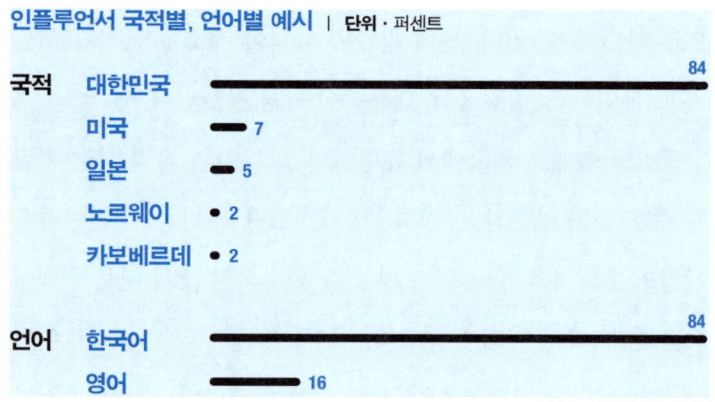

두 번째는 팔로워의 진성여부를 판단하는 것이다. 플랫폼마다 데이터마다 기준이 조금씩 다르지만, 내가 흔히 쓰는 기준은 네 가지 항목으로 다음과 같다.

진짜 팔로워 Real Follower	해당 계정의 활동이 정상적으로 이루어지는 계정. 즉 유령이 아닌 실제 일반인이 운영하는 계정
인플루언서 팔로워 Influencer Follower	많은 팔로워를 보유하고 있는 계정
유령 팔로워 Mass Follower	게시글도 거의 없고, 팔로잉 비율만 매우 높아서 팔로워 구매에 사용될 확률이 높은 계정
가짜 의심 팔로워 Suspicious Follower	계정의 패턴이 정형화된 계정. 사람이 운영하지 않을 확률이 높음

위의 항목 중 유령 팔로워와 가짜 의심 팔로워의 비중이 높을수록 팔로워를 구매했을 확률이 높고, 반대로 인플루언서 팔로워가 높은 계정은 계정 평가에서 매우 좋은 점수를 받는다. 그 이유는 나를 팔로잉하는 사람이 많은 팔로워를 보유하고 있다는 것은 그만큼 영향력을 가진 사람이 나를 팔로잉한다는 의미기 때문이다.

그 밖에도 다양한 항목들이 팔로워의 인사이트 분석으로 활용되는데, 이러한 기준 중에 팔로워의 연령이나 성별, 관심사 분석 등은 가짜를 걸러내기 위한 것보다는 브랜드에 얼마나 타겟팅이 잘 맞는지를 보는 지표로도 사용된다.

이렇듯 가짜 인플루언서를 걸러내려는 또 다른 노력이 오래

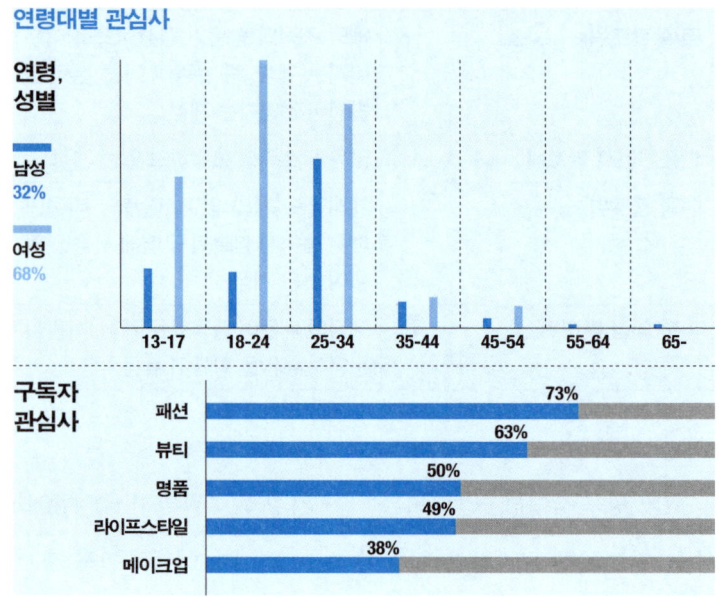

전부터 시작되었고, 이런 데이터들은 비록 예측 데이터이긴 하지만 수많은 검증을 통해서, 그리고 데이터의 양이 많이 쌓여갈수록 정확도가 많이 올라오면서 좋은 효과를 보였다.

그래서 해외 브랜드, 특히 전 세계적으로 마케팅을 전개하는 글로벌 브랜드는 이러한 데이터를 분석할 수 있는 자체 플랫폼을 개발해 자신의 브랜드를 판매하는 각 나라에서 활용할 수 있도록 방법을 안내하거나, 이런 분석의 제공을 용이하게 하는 3자 플랫폼을 지정해서 해당 플랫폼을 통해 인사이트를 분석하고 가짜를 걸러내기 위한 활동을 한다. 그래서 아무리 브랜드와 잘 맞는다고 생각해도 이러한 데이터 분석에서 탈락 점수가 나오면 광고 진행을 하지 못하는 것이 업무 프로세스다.

전 세계 유명 브랜드들은 이런 움직임을 빠르게 현업에 적용했다. 글로벌 화장품 기업인 로레알Loréal 그룹은 인플루언서와 마케팅을 협업할 때, 지정된 플랫폼을 통해서 해당 인물이 운영하는 채널에 대한 적합성과 결과를 데이터로 판단하면서 마케팅에 대한 정확도와 효율성을 측정한다.

특히 LVMH 그룹의 크리스챤 디올 코스메틱Christian Dior 같은 브랜드는 인플루언서의 활동 결과를 정량화해서 데이터로 보는 작업을 이미 오래전부터 해왔다. 이는 브랜드마케팅의 전략과 방향을 설정하고 평가하는 데 기준점이 되었다.

이렇게 성공적으로 마케팅을 글로벌로 전개하는 브랜드는 데이터 평가와 디지털 전환을 제대로 수행해왔다. 나 역시 훌륭한 기업들과 오랜 시간 함께 일하면서 변화를 빠르게 접할 기회가 있었고, 지금도 이들의 마케팅을 수행하면서 좋은 관점과 트렌드를 배우고 있다.

거대 규모의 글로벌 기업만이 아니라 국내 기업과 작은 브랜드도 이런 데이터를 활용할 수 있는 플랫폼들이 존재한다. 우리

같은 작은 회사도 이러한 중요성을 예측해 아주 오래전부터 자체 플랫폼을 개발해서 함께 일하는 브랜드들에게 무료로 인사이트를 제공하고 있다. 오랜 기간과 큰 비용이 들었지만 고객들은 데이터를 보고 인플루언서의 진성여부를 가릴 수 있어서 크게 만족해한다. 그만큼 현업에 있는 마케터들에게는 가짜 인플루언서를 구분해내야 한다는 현실적 인식이 매우 강하다.

13

그래도 풀리지 않는 문제

 어떤 목적으로든 팔로워 숫자로 영향력을 보여줘야 하는 시대임은 틀림없다. 그러기에 적합하지 않은 방법으로 숫자를 속이는 경우가 생겨나고, 이런 행위들을 걸러내기 위한 다양한 방법들이 나오고 실행되었다.

그렇다면 가짜를 걸러내기 위해 참여율을 확인하고, 팔로워들의 국적이나 진성여부를 확인하는 데이터를 체크하는 것으로 가짜 인플루언서를 가려낼 수 있을까?

절대 그렇지 않다. 일부는 이런 데이터를 피하려고 자국인의 팔로워를 구매해 국적을 가르는 기준을 피해가고, 혹은 실제 사용 계정을 팔로워로 구매함으로써 진성여부에 대한 판단기준을 피해가는 또 다른 꼼수들이 계속해서 생겨나기 시작했다. (물론 이렇게 할 경우는 팔로워 구매 비용이 많이 올라간다.)

결론적으로 비즈니스에서는 팔로워 수와 관련된 지표들은

그들의 영향력 혹은 브랜드의 광고 효과와는 100퍼센트 일치하지 않는 것을 깨달았다. 물론 유명 연예인이나 셀럽들이 가지고 있는 엄청난 규모의 팔로워 수나 이런 수치가 전혀 의미 없다는 것은 아니다. 당연히 규모에서 오는 상관관계는 당연히 존재하지만, 학습을 통해 모든 상황에 공식처럼 맞아떨어지지 않는다는 것을 알게 된다.

그래서 이런 몇 가지 경우를 제외하고 팔로워 규모를 맹신하는 시각을 바로 세워야 한다.

여전히 해외 브랜드에서는 인플루언서 마케팅의 성과평가를 위한 EMV$_{\text{Earned Media Value}}$*를 책정하는 데에 팔로워 수가 중요한 역할을 하며, 특정 성과지표$_{\text{KPI}}$ 달성이나 스코어링을 위해서 팔로워 숫자를 살핀다. 즉 특정한 목적과 지표로서 팔로워의 규모가 아예 의미 없는 것은 아니다.

다만 실제 비즈니스상에서 볼 때 팔로워 규모가 정말 작고, 좋아요나 댓글 비중이 작아서 참여율이 낮게 나오는데도 실제로 제품을 팔았을 때 판매 효과가 매우 높게 나오는 경우가 있

---

* **EMV** · 소셜미디어에 있는 채널과 콘텐츠의 영향력 수치를 다각도로 분석해 비용으로 환산한 값. 해당 채널이 보유한 팔로워와 구독자의 규모, 콘텐츠 참여도와 반응률, 영상 조회수와 콘텐츠 도달 수 등의 다양한 데이터를 기준으로 미디어로서의 가치를 금액화시켜서 평가의 지표로 활용

다. 또는 계정 인사이트를 분석했을 때 어느 정도의 가짜 팔로워 비중이 있음에도 불구하고 브랜드와 성향이 너무 잘 맞거나 콘텐츠를 잘 만들어서 광고 효과가 잘 나오는 경우도 있다. 즉 눈에 보이는 팔로워의 규모나 숫자만 보았을 때는 '효과가 있을까?' 하고 의심했던 사람들에게서 오히려 큰 효과를 본 경우가 많았다.

이쯤 되면 헷갈리기도 하고 더 어렵게 느껴질 수도 있다. 팔로워 수를 속일 수 있어서 데이터를 보는 해결책을 찾아냈는데, 결국 그마저도 속이는 사람들이 생겨났으니 이제 그런 판단이 아무 의미 없는 것이 아니냐는 결론을 내릴 수도 있다.

'데이터나 숫자가 필요 없다'는 양자택일의 논리를 벗어나야 한다. 한번은 저명한 교수의 강의를 들은 적이 있었는데, 전 세계적으로 가장 훌륭한 CEO 중 한 명으로 꼽히는 마이크로소프트MS의 사티아 나델라Satya Nadella에 대한 내용이었다. 그가 MS의 조직을 이끄는 전략으로 '앤드 씽킹And Thinking'을 삼고 있다고 했다. 즉 둘 중 하나를 골라야 하는 '오알 씽킹Or Thinking'이 아니라 이것도 되고 저것도 동시에 고려할 수 있는 것이 바로 앤드 씽킹이다.

우리도 인플루언서나 우수 계정을 판단할 때 앤드 씽킹으로 접근해보자. 이렇게 데이터를 통해 숫자의 속임수를 걸러내는 방법도 알게 되었으니, 여기에 다른 방식들을 적용해서 더 좋은 방식으로 발전시키는 것을 함께 모색한다면, 훨씬 더 유익한 사고방식이 생겨날 것이다.

3장

비즈니스상에서 깨달은 것

14

과연 팔로워 중에 몇 명이 진짜인가?

 수년 전에 한 외국계 브랜드로부터 이런 요청을 받았다. 지금 해외에서는 인스타그램 인플루언서와 마케팅할 경우 비즈니스 계정으로 전환한 사람하고만 협찬을 진행하고, 그 결과 보고서에서 포스트의 실제 도달 수를 받고 있다고 했다. 그래서 한국에서도 이렇게 업무를 해야 한다는 내용이었다. 보통 결과 보고서에는 팔로워의 규모, 광고 게시글에 달리는 좋아요나 댓글 수 등을 정량화하고 있었는데, 새로운 수치를 넣어달라는 요청이었다.

    브랜드에서는 이미 경험을 통해 이런 요구를 해왔다. 팔로워 규모만 보고 홍보마케팅을 진행했다가 규모 대비 성과를 얻지 못하는 경험치가 쌓이면서 실제로 몇 명에게 광고가 도달했는지를 궁금해했다. 타겟에 맞지 않고 목표치에 부합되지 않으면 광고 도달이 제대로 안 될 테니 좋은 결과로 이어지지 않을 것이다.

그래서 실제로 도달률이 높은 사람들을 발굴해서 조금 더 자신의 브랜드에 좋은 효과를 낼 수 있는 그룹들을 선정하고자 했다. 따라서 브랜드 입장에서 데이터에 대한 요청은 당연하다. 광고 효과가 좋은 인물을 찾아내기 위한 지표인 동시에 마케팅을 통해 퍼진 콘텐츠들을 몇명이나 봤는지에 대해 명확한 수치를 볼 수 있다면, 비용 대비 효율을 판단하기 위한 지표로 삼을 수 있을 것이다.

물론 이 요청은 실제로 적용되지 못했다. 그 이유는 빠르게 찾아서 섭외해야 했고, 대부분의 인플루언서들은 비즈니스 계정이 아니었다. 그래서 그때마다 비즈니스 계정으로 전환해야 하는 절차가 쉽지 않았고, 시간적인 한계도 있었다. 특히나 양적으로 많은 섭외가 필요할 때는 개인차가 심해서 어떤 사람은 협조적이지만, 어떤 사람은 비협조적이었다. 결국 모든 사람들에 대한 통일성 있는 수치를 내놓기 어려웠다.

이를 계기로 많은 인스타그래머에게 접촉해서 위와 같은 협조를 요청했고, 일부 협조가 되는 경우에 한해서는 실제 도달 수에 대한 수치를 받을 수 있었다. 어느 정도 수치에 대한 예상은 했지만, 결과 보고서를 보고 다소 충격을 받았다.

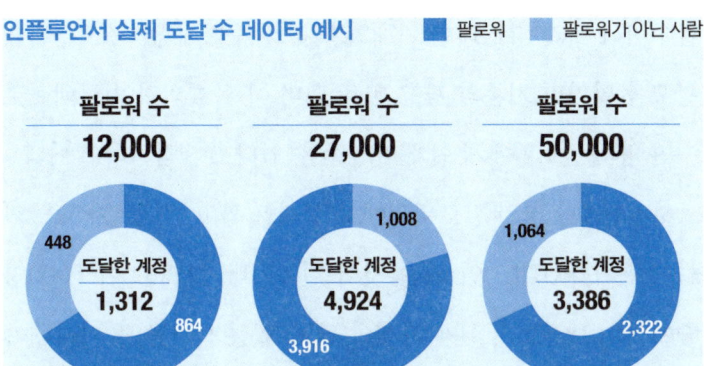

그래프에서 알 수 있듯이 실제 인플루언서의 포스트에 도달한 계정 수를 오직 기존 팔로워만으로 보았을 때는 5퍼센트 미만이 나오는 것을 알 수 있다.

표본 집단이 수만 명에서 수십만 명까지는 아니어서 위의 결과를 일반화하기는 어렵지만, 그동안 경험한 해외 사례나 전문 마케터의 언급 내용들 그리고 회사에서 보유한 플랫폼에 있는 도달 수 관련 빅데이터로 비교했을 때, 10퍼센트 이하의 도달 범위가 가장 일반적이었다.

대개 1만 명의 팔로워를 보유한 사람을 섭외할 경우 직관적으로는 1만 명에게 광고 효과가 있을 것이라 생각한다. 그래서 인플루언서 마케팅에 대한 기대치가 높을 수밖에 없다. 그들에게 광고를 맡기면 기존의 광고 비용 대비 아주 효과적인 금액으로 수만 명의 팔로워에게 쉽게 다가갈 수 있다고 생각하니 말이다.

하지만 1만 명의 팔로워임에도 실제로 광고 콘텐츠가 도달되는 것은 1,000명도 안 되는 것이 현실이다. 그리고 이 1,000명 중에서도 브랜드의 실제 타겟이 될 수 있는 사람을 또 가려내야 한다. 그러니 광고 유효 범위는 더 좁아진다.

가짜 인플루언서만이 아니라 진성으로 팔로워를 모은 인플루언서도 마찬가지다. 최소 이 정도 수준까지만 도달할 수 있다고 생각하는 것이 현실적인 감각이다. 그래서 팔로워 수만 보고 마케팅 효과가 높을 것이라 맹신하면 안 되는 이유다. 마케팅 관점에서 광고 효과에 대해 기대치를 높이는 것보다 오히려 낮게 보는 것이 맞다.

인플루언서가 아니거나 팔로우 수가 크지 않지만 팔로워의 충성도가 높고 콘텐츠의 신뢰도가 높은 사람들은 30퍼센트 이상의 도달 수가 나오기도 한다. 다만 매우 일반적인 범위, 앞에서 언급한 개념이라면 참여율이 1퍼센트 정도인 평균 수준에서는 10퍼센트 이하의 도달 수를 내는 사람의 비율이 매우 높다는 의미다.

다음 중 일반적으로 팔로워 수 대비 포스트 도달 범위는 어떨까?

❶ 10퍼센트 미만
❷ 10~20퍼센트
❸ 20~30퍼센트
❹ 30~40퍼센트
❺ 40퍼센트 이상

과거 강의 도중 위의 질문을 하면 대부분 2번 또는 3번이라 대답했다. 그런데 최근 동일한 질문을 하면 대부분은 고민도 없이 1번으로 대답한다. 개인적으로 질문하면 5퍼센트 내외라는 답변도 종종 나왔다. 그만큼 팔로워 규모에 대한 과장된 기대가 학습을 통해 사라지고 있다.

따라서 마케팅 관점에서 애초부터 팔로워 수 대비 도달률이 매우 높은 인물을 찾든지, 도달률이 다소 낮더라도 타겟정확도가 높은 인물을 찾든지 해야 할 것이다.

☰   Skip

15

10만 명의 팔로워
<
1,000명의 팔로워

 1,000명의 팔로워를 가진 사람이 10만 명의 팔로워를 가진 사람보다 더 영향력이 있을 수 있다는 부등식을 이제 이해할 수 있으리라. 부등식대로 10만 명의 팔로워보다 1,000명의 팔로워가 더 진짜일 수 있다는 의미다.

디지털 플랫폼에서 '진짜'라는 의미는 여러 가지로 해석된다. 팔로워와의 신뢰도가 높다는 의미고, 브랜드가 광고했을 때 더 효과적일 수 있다는 의미다. 또한 이론적인 측면에서는 브랜드가 비용을 투여했을 때 훨씬 더 효율적이라고도 볼 수 있다. 물론 모든 1,000명대의 팔로워가 모든 10만 명대의 팔로워를 보유한 사람보다 진짜라는 의미는 결코 아니다. 일반적으로 10만 명 넘게 팔로워를 보유할 정도로 성장한 사람이 더 큰 규모의 신뢰와 영향력을 가지고 있음은 명백하다.

다만 진정성을 가지고 1,000명의 팔로워를 보유한 사람도

10만 명을 가진 사람 이상으로 영향력을 행사할 수 있음을 말하는 것이다. 10만 명이 넘는다고 무조건 다 영향력이 있는 것도 아니고, 계정의 진성도에 따라 혹은 광고하는 브랜드의 목적이나 상황에 따라 100분의 1의 규모인 1,000명 팔로워가 더 효과적이고 효율적일 수 있다. 그러니 맹목적으로 팔로워의 규모만을 가지고 모든 것을 평가해서는 안 된다는 것을 다시 한 번 강조하고자 한다.

모 브랜드의 인플루언서 마케팅을 위해 10만 명 이상의 팔로워를 가진 소수의 인물과 1만 명 이하의 팔로워를 가진 그룹을 다수 섞어서 광고를 진행한 적 있다. 10만 명 팔로워의 사람들을 소수로 한 이유는 당연히 비용적인 이유다. 대신 한 사람이 높은 비용만큼의 효과를 내기 때문이기도 하다.

그리고 반대로 1만 명 이하의 팔로워를 가진 사람들은 상대적으로 비용이 저렴하다. 대신 한 사람의 영향력이 적기 때문에 많은 인원을 써야 효과가 나올 확률이 크다. 결국에 전체적으로는 두 그룹에 비슷한 비용을 쓰거나 후자가 조금 덜 쓰는 정도다.

두 그룹의 결과는 어땠을까. 브랜드 측 반응은 10만 팔로워 소수보다 1만 명 이하의 다수가 더 좋은 반응을 이끌어냈다. 어떤 이유에서일까? 10만 명의 팔로워를 가진 사람이 가짜 인플루언서였을까? 그렇지 않다. 광고의 목적이 달랐기 때문이다. 해당 광고의 경우 직접적인 구매 전환보다는 어느 정도 매출이 올라와 있는 상태에서 디지털상, 소위 말하는 간증글이나 리뷰가 더 많이 달리길 바라는 목적으로 진행했던 마케팅이었기 때문이다.

그러다 보니 강력한 몇 명보다는 팔로워 수는 적지만 다량의 인원으로 배포된 콘텐츠가 더 눈에 많이 띄고, 검색했을 때 댓글들이 더 많이 보여져서 더 좋은 결과로 이어졌다. 즉 10만 명의 팔로워와 1만 명 이하의 팔로워가 의미 있고 없고의 차이는 숫자와 진성여부의 문제가 아니라 홍보의 목적에 따라서 달라질 수 있다는 말이다.

물론 뻔한 이야기다. 하지만 이런 이야기를 하는 이유는 매달 많은 브랜드를 자문하면서 다수의 브랜드나 마케터가 마케팅을 수행하는 목적조차 정의하지 않고 그저 숫자 많은 팔로워의 인물만을 선택하려는 경향이 있기 때문이다. 여러 마케팅과 동시에 인플루언서 마케팅까지 진행해야 하다 보니 특정 목적이나 목표 없이 관행대로 패턴을 따라간다는 사실을 알았다.

그래서 이런 경우 현재 수십만 명의 팔로워를 보유한 메가급 인물들이 필요할 때인지, 아니면 1만 명 이하의 팔로워를 보유한 작은 그룹의 인물들이 필요할 때인지를 함께 논의한 적도 많았다.

'10만 명 < 1,000명' 부등식은 비즈니스가 아닌 일상생활에서도 성립되는 경우가 많다. 아내가 어느 날 꿀고구마를 집에 가져오더니 이거 정말 맛있는 고구마라고 했다. 내 본업이 마케터인 만큼 자연스럽게 색안경을 끼고 그 이야기를 들었다. '꿀고구마라고 해봤자 얼마나 달겠어. 현혹되기 쉽게 그냥 붙인 수식어겠지'라고 생각했다. 아마 일반 소비자들 역시 나와 비슷하게 생각하는 사람들이 많을 것이다. 과장 광고, 과대 광고 혹은 현란한 마케팅 기술에 우리는 현혹되어 살고 있으니 말이다.

나는 별 기대 없이 해당 꿀고구마를 한입 베어 먹었다. 그런데 세상에나! 먹자마자 왜 꿀고구마인지 바로 느낄 수 있었다. 진짜 꿀이 들어있는 것처럼 촉촉하고 달콤한 식감이 그대로 느껴졌다. 고구마를 정말 맛있게 먹으며 아내에게 물었다.

"고구마 어디서 샀어?"
"팔로우하는 인플루언서가 공구하길래 샀어."
"어떤 사람이야? 인스타그램 아이디 좀."

나는 바로 해당 인스타그램 아이디를 찾아 검색했다. 그런데 예상외로 팔로워 수는 그리 많지 않았다. 심지어 계정에 좋아요와 댓글 수 등의 반응률도 높지 않았다. 일반적으로 브랜드나 기업이 인플루언서를 보는 정량적인 기준으로 볼 때 절대로 섭외가 될 말한 수준이 아니었다. 그렇다고 해서 채널의 분위기가 세련되거나 특별함도 없어 보였다. 소위 브랜드가 함께 광고하고 싶어 하는 예쁜 라이프스타일과 콘텐츠로 포장된 사람도 아니었다. 다만 자기가 판매하는 제품에 대한 신뢰도나 진정성이 보였다. 멋지고 예쁜 콘텐츠를 올리는 것은 아니지만 소비자들을 설득할 수 있는, 다듬어지지 않은 게시물들이 있었다.

더 중요한 것은 그녀가 가진 팔로워들과의 눈에는 보이지 않는, 즉 채널에는 숫자로 드러나지 않는 소통이다. 포스트에서 보이는 참여율로 측정되는 좋아요나 댓글이 아니라 자신의 팔로워들과 관계성을 말하는 것이다.

글로벌 브랜드나 대기업들과 마케팅을 해온 나로서는 '과연 내가 이런 사람과 협업하겠다고 하면 그들이 허락해줄까?' 하는 생각이 먼저 들었다. 왜냐하면 해당 계정의 콘텐츠가 브랜드의 분위기와 맞지도 않고 팔로워 수도 당연히 부족하기 때문이다. 그런데 '판매 목적을 가지고 홍보를 해야 한다면 이렇게 효율적인 사람이 또 있을까?' 하는 생각이 들었다.

  물론 브랜드의 성향과 콘셉트에 맞지 않는데도 무조건 이런 사람들과 함께해야 한다는 의미는 아니다. 꿀고구마를 판 계정처럼 때로는 수만 명 또는 수십만 명의 팔로워를 가진 사람보다 비록 적은 수의 팔로워라도 많은 영향력을 행사할 수 있음을 인지하자는 것이다.

16

수년간
수만 명의 팔로워를 모은
브랜드 계정을 운영해보니

이제는 인플루언서의 팔로워 관점이 아닌 브랜드의 팔로워 관점에서 이야기해보려고 한다. 우리 회사에는 브랜드의 공식 인스타그램 채널을 운영해주는 팀이 있다. 해당 채널에 올라간 콘텐츠를 기획하고, 광고나 이벤트도 한다. 궁극적으로는 브랜드의 인스타그램 계정을 키워내는 역할을 한다. 그리고 이렇게 브랜드의 인스타그램 채널을 운영하면서 결과의 지표로써 평가하는 KPI_{Key Performance Indicator}는 무엇이었을까?

당연히 팔로워 수다. 해당 업무를 수주하기 위한 제안서와 경쟁 PT에서 항상 마지막은 그래서 '1년간 팔로워를 몇 명까지 달성하겠다'는 목표 수치를 보여준다. 물론 지금도 이런 목표를 세우는 것은 당연하다. 다만 팔로워의 규모가 중요한 수치로 다루어지다 보니 당연히 계정에 들어가는 콘텐츠보다는 어떻게 팔로워 수를 늘릴 것인지에 대해 더 많이 고민할 수밖에 없다.

그래서 이벤트를 자주 기획하고, 팔로워 수를 올리기 위한 전략에 더욱 신경 쓴다.

이런 현실을 비판하기보다는 브랜드 인스타그램의 성장을 정량적으로 평가해야 하고 객관적으로 보기 위해서 팔로워의 규모라는 지표를 잡는 것이 당연히 맞는 방법이라고 생각한다. 다만 팔로워의 규모가 브랜드의 진짜 팬들이 쌓이고, 알고리즘을 타면서 브랜드의 좋은 콘텐츠가 자연스럽게 커가는 것이 최선이겠지만 현업에 있는 우리에게는 '제한된 시간' 내에 성과를 이뤄야 한다는 문제가 있다. 언제 알고리즘을 탈지 모르고 브랜드의 분위기도 유지해야 해서, 소위 잘 터진다는 앵글을 함부로 시도하기도 쉽지 않다.

그래서 조금은 빠르게 팔로워를 모을 수 있는 이벤트나 프로모션 그리고 이런 콘텐츠를 광고를 통해 넓게 노출하려다 보니 브랜드에 대한 충성도보다는 다른 목적을 가진 팔로워들이 유입되곤 한다.

내가 주로 일하는 패션과 뷰티 분야에서 단기간에 팔로워의 양적 성장에만 집중한 많은 브랜드 계정의 결과는 어땠을까? 팔로워가 5만 명이 넘고 10만 명에 가까워도 그 계정을 통해 구매가 잘 이루어지지 않았다. 또한 브랜드 입장에서 특정한 목표를 이루기 위한 추가 행동도 잘 생기지 않았다.

결국 팔로워 규모에만 목적을 둘 경우에는 이런 결과가 이어진다. 수많은 브랜드를 만나면서 한결같이 듣는 이야기가 있다.

"저희는 브랜드 인스타그램에 7만 명이 넘는 팔로워가 있는데도 무엇을 올려도 반응이 없어요."
"회사는 브랜드 인스타그램에 수만 명이 모였으니 그걸 통해서 뭐라도 하라는데 어쩌죠?"

브랜드 계정이 제법 팔로워 규모가 커져도 그에 걸맞게 역할을 제대로 하지 못하는 경우가 다반사다. 만약 우리 브랜드의 제품을 최소한 한 번이라도 구매했거나 브랜드에 대한 애정이 있는 사람이 5만 명 모여 있는 채널이라면 이럴 수 있을까? 진짜 고객들로 형성된 채널이라면 반드시 직접적인 반응이 나올 것이다.

여기서 다시 한번 MS가 생각하는 방식인 앤드 씽킹으로 접근해보자. "그래? 그러면 브랜드 인스타그램 필요 없어? 그럼 다른 거 해야지!"라는 오알 씽킹이 아니라 앤드 씽킹으로 생각해보면 좋은 방향이 나올 수 있다.

우선 인스타그램은 한국에서 가장 인기 있는 SNS이기 때문에 반드시 운영해야 하는 채널이다. 즉 인스타그램 마케팅의 효과를 떠나 우리가 홈페이지를 보면 그 브랜드의 성향이 어떤지 감이 오듯이, 인스타그램을 통해 그 브랜드의 분위기를 찾아보는 것이 요즘 소비자의 행동 패턴이다.

고객의 구매가 일어나는 쇼핑몰은 회원수가 중요하지만, 기업이나 브랜드를 소개하는 홈페이지는 그런 숫자를 따지지 않은 것처럼 이를 인스타그램에 적용해보면 좋다. 즉 가입된 사람의 규모가 중요한 것이 아니라 우리 브랜드를 찾아오는 사람들한테 우리를 얼마나 잘 보여줄지에 초점을 맞춰야 한다.

브랜드가 인스타그램을 운영하는 목적은 기업 홈페이지의 역할처럼 이 채널을 통해서 소비자에게 특정한 행동을 유도하는 것이 아니라 자신의 브랜드를 제대로 소개하는 하나의 경로로서의 가치를 가져야 한다. 따라서 당장 팔로워의 규모나 대단한 콘텐츠의 질보다는 최소한 자신의 브랜드에서 어떤 제품을 만드는지를 알리는 것에 목적을 두어야 한다. 즉 브랜드에 관심이 없는 수만 명의 팔로워들이 모여 있는 계정이 아니라 단 몇 백 명일지라도 그 브랜드에 관심을 가진 팔로워들이 모여있는 것이 더 의미가 있다.

또다시 앤드 씽킹으로 접근해 설명하자면 '그래도 나는 이왕이면 그런 홈페이지 역할도 하면서 구매까지 연결될 수 있는 인스타그램이 되었으면 좋겠어!'라고 생각할지도 모른다. 물론 불가능한 이야기가 아니다.

내가 컨설팅했던 기업 중 전국에 약 100여 개 내외의 대리점을 가진 여성복 회사가 있었다. 매달 자문을 통해 해당 브랜드의 마케팅 방향성과 실전 전략을 논의했다. 브랜드마케팅 실장은 '저희 대리점 중에 유난히 매출이 잘 나오는 대리점이 있어서 알아보았더니, 그 매장의 점주가 개별 인스타그램을 직접 운영하고 있었다'는 내용이었다. 브랜드 측에서 제공하는 사진만 올리는 것이 아니라 신상품이 입고되면 직접 옷을 입고 사진을 찍어서 인스타그램에 올렸다. 인스타그램을 통해서 대리점에 방문하거나 구매했던 고객들에게 DM도 보내면서 인스타그램 관리를 잘하고 있었다.

이것이 다른 대리점과 차별화된 운영 방법이었다. 심지어 더 신기했던 사실은 해당 브랜드의 대상이 인스타그램을 주로 많이 사용하는 연령대보다 훨씬 높은 나이를 대상으로 하는 브랜드였는데도, 이 방식이 구매 전환에 직접적인 효과를 냈다는 것이다. 나 역시 이 사례가 너무 신기해서 물었다.

"혹시 그 대리점의 인스타그램을 좀 볼 수 있을까요?"

계정을 보고는 또 한 번 놀랐다. 매장의 계정 팔로워 수가 1,000명도 채 되지 않았다. 당연히 게시글의 참여율 역시 높지 않았다. 외형적으로 볼 때 규모와 반응률 모두 좋지 않았는데도 해당 대리점이 높은 매출 성과를 올리는 데는 인스타그램의 역할이 컸다.

어떤 이유에서일까?

첫 번째, 브랜드가 제공하는 콘텐츠를 그대로 올리는 것이 아니라 대리점주가 직접 출연하고 만든 콘텐츠로 소비자와 소통했다는 점이다. 이는 그만큼 고객들에게 신뢰감을 주었다. 옷을 직접 입어 봄으로써 사실적인 핏을 보여준다는 분야의 특성도 작용했을 것이다.

두 번째, 인스타그램을 통해서 인터렉션(상호작용)이 있었다는 점이다. 단순히 콘텐츠만 올리고 끝이 아니라 이후에 자신의 팔로워 즉, 고객들과 개별적으로 소통하면서 '라포르(친밀감)'를 형성했다. 즉 매장에 올 때만 소통하고 관계를 맺은 것이 아니라 인스타그램을 통해 고객들과 수시로 소통했다. 인스타그램을 단순한 정보 전달 채널이 아닌 고객과의 소통의 중요성을 먼저 생각했기에 좋은 판매로 이어질 수 있었다.

이렇듯 브랜드의 계정으로서 인스타그램이 제대로 된 역할을 하려면 팔로워의 외형적인 규모를 키우기 이전에 브랜드의 고객이 팔로워가 되어야 한다. 그러면 인스타그램은 그 규모가 크지 않아도, 브랜드의 충성도가 높은 팬이 1만 명이 안 되어도 매출로 이어지고 유의미한 채널로 자리매김할 수 있다.

여기서 브랜드의 인스타그램 계정을 홈페이지와 같은 역할로 사용하라면서 또 소통 창구로 여기라는 것이 서로 상반되는 이야기가 아니냐고 반문할 수도 있다. 물론 큰 기업이나 브랜드의 경우는 이렇게까지 개별 소통하는 것이 현실적으로 쉽지 않으니 홈페이지 역할로 활용하고, 작은 브랜드나 혹은 큰 기업의 신규 브랜드의 경우 브랜드를 알리기 위해서는 인스타그램을 활용해 고객과 소통하라는 것이다.

소통하는 인스타그램으로 키운다면, 좋은 효율과 목적성 있는 채널로 성장할 수 있다.

17

**마음에 드는 콘텐츠를 보면
취하는 행동**

 팔로워 숫자에 집착하는 것만큼 잘못 보는 지표 중의 하나가 바로 게시글에 대한 좋아요 반응이다. 물론 좋아요가 많이 달린 콘텐츠가 나쁘다고 이야기하는 것은 아니다. 다만 좋아요 숫자에만 집착해서 평가를 내리는 경우가 많다.

좋아요 반응은 SNS 채널을 이용하는 사람들이 가장 쉽게 낼 수 있는 반응이다. 실제 그 게시물이 좋든 안 좋든 그저 관계 유지를 위해서도 눌러줄 수 있는 반응이 좋아요 버튼을 누르는 행동이다. 주변을 둘러보아도 지인들과의 관계를 위해서 습관적으로 좋아요를 누르는 행동을 많이 목격하곤 한다. 이 상황에서 콘텐츠나 게시글이 조금 더 좋았을 때 나오는 반응이 댓글이다. 굳이 말하면, 좋아요 수보다는 댓글 수가 많은 것이 조금 더 관심도를 보인 콘텐츠다.

그러면 사람들이 진짜 마음에 드는 콘텐츠를 보았을 때 어떤 행동을 할까?

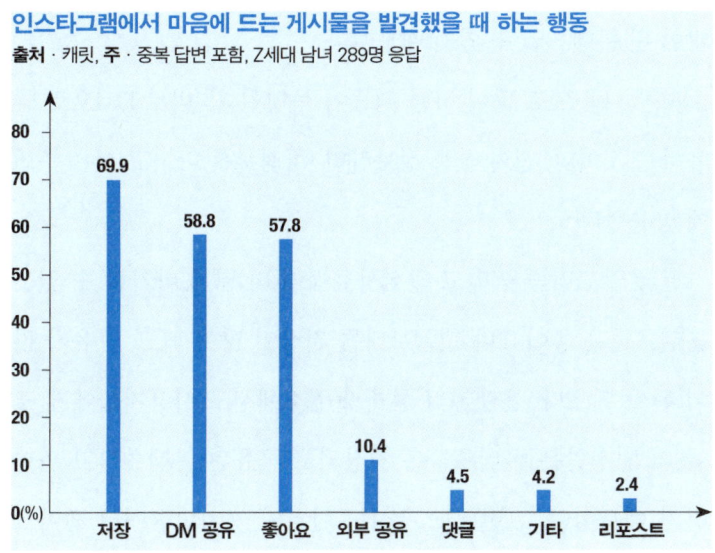

최근 캐릿이 발표한 자료에 따르면 사람들이 정말로 마음에 드는 콘텐츠를 보았을 때 하는 행동은 바로 '저장'이다. 대부분의 게시글은 읽었을 때 좋고 관심이 있으면 좋아요나 댓글 정도의 반응까지 하지만, 자신에게 정말 필요한 콘텐츠는 저장해서 두고두고 보거나 혹은 필요한 상황에 꺼내 본다. 얼마나 많은 사람이 저장했는지는 겉으로 보여지지 않기 때문에 외형적으로 판단할 수 없는 기준이다(겉으로는 안 보이지만 콘텐츠를 올린 본인은 알 수 있다). 다만 좋아요나 댓글이 적었다고 해서 무조건 안 좋은 콘텐츠라고 할 수 없는 이유가 알고 보면 저장이 많이 된 콘텐츠일 수 있기 때문이다.

저장 다음으로 많이 하는 행동이 무엇일까? 바로 DM으로 공유하는 것이다. 진짜 좋은 정보라면 이 정보를 나누고 싶은 주변에 공유한다.

결국 알고리즘을 타고 관심사들에게 더 넓게 다가갈 수 있는 콘텐츠들은 좋아요나 댓글보다는 저장이 많이 되고, 공유가 많이 된 콘텐츠다. 플랫폼의 설계자 입장에서도 사용자들에게 조금 더 인정받은 콘텐츠들은 저장되고 공유된 콘텐츠라고 판단하기 때문이다. 그런데도 우리는 팔로워 숫자만큼이나 좋아요 숫자에 집착하는 것이 현실이다.

채널을 운영하면서 좋아요가 얼마나 있는지에만 관심을 가지고 그것을 위한 노력만 한다든지, 다른 사람의 채널을 판단할 때도 좋아요가 많은지에만 관심을 두는 경향이 있다. 이러한 관점이 맹목적으로 틀렸다는 것은 아니다. 일반적으로 활성화되어 있는 채널들, 인기 있는 인물들의 게시글에는 좋아요가 잘 달리는 것이 맞다.

다만 결국 알고리즘을 타고 보다 많은 사람에게 퍼져 나갈 수 있는 콘텐츠가 될 가능성이 높은 것들은 좋아요나 댓글을 많이 받는 것보다 저장과 공유가 많은 콘텐츠다. 그리고 좋아요나 댓글은 이렇게 알고리즘을 타서 많은 사람에게 도달되었기 때문에 생긴 부차적인 결과물이다.

즉 굳이 선후 관계를 따지자면, 좋아요를 많이 받아서 저장과 공유가 생기기보다는 저장과 공유가 많이 되었기 때문에 좋아요나 댓글이 생길 수 있다는 것이며, 이 과정에서 좋아요나 댓글은 안 따라올 수도 있다.

실제 사례에서도 이런 경우를 많이 찾아볼 수 있다. 인스타그램을 통해 제품을 상당히 잘 파는 인플루언서라며 추천을 받아서 계정을 보았는데, 채널에 평균 좋아요 수나 댓글 수가 상당히 낮았다(반응수만 낮았던 것이 아니고, 팔로워 규모도 3,000명도 안 되었다). 그래서 일반적으로 브랜드나 기업이 보는 관점에서는 광고 진행이 쉽지 않은 숫자 기준을 가지고 있었다. 그래도 괜찮은 진행 결과가 있어서 광고를 진행했다. 역시나 좋은 판매 결과로 이어졌다. 그리고 실제로 광고가 진행된 콘텐츠에는 그 사람의 다른 게시글처럼 좋아요나 댓글은 많이 달리지 않았다.

또 다른 예를 들어 보겠다. 회사에서 해외 사업을 하는 것이 있는데, 한국과는 다르게 틱톡의 영향력이 매우 강해서 해당 국가에서는 틱톡커를 마케팅에 활용했다. 그리고 틱톡 채널이야말로 팔로워의 규모가 적어도 알고리즘이 관심사 타겟에 콘텐츠를 잘 전달하기 때문에 팔로워 1,000명 미만의 나노 인플루언서들을 섭외했다.

광고를 진행한 결과 한 틱톡커는 팔로워가 1,000명 수준이었는데 100만 뷰를 만들어냈으며, 다른 틱톡커 역시 팔로워가 1,000명 수준이었는데, 200만 뷰를 만들어냈다. 무려 자기가 가진 팔로워보다 거의 1,000배가 넘는 도달 수를 낸 것이다. 그리고 동일한 광고로 섭외했던 비슷한 팔로워 규모의 다른 틱톡커들과 결과물을 비교했을 때, 바로 눈에 들어온 것은 '공유 수'였다. 그와 비슷한 팔로워를 가진 틱톡커들의 콘텐츠는 공유가 많지 않았지만, 100만 뷰 이상을 만들어낸 그의 콘텐츠는 엄청나게 공유가 된 것을 알 수 있었다.

즉 알고리즘에서는 팔로워 수가 적어도 콘텐츠 자체가 좋으면 많은 사람에게 도달시킨다. 여기서 말하는 좋은 콘텐츠는 내가 저장하고, 주변에 공유한 콘텐츠를 좋다고 판단하는 것이다.

마케터로서, 혹은 채널의 운영 주체로서 목표는 무엇인가? 내가 만든 콘텐츠를 조금 더 많은 사람에게 보여주고, 이를 통해서 제품을 판매하든 채널을 키우든 결과를 내는 것이다. 결국 추천 알고리즘을 통해 퍼져 나갈 수 있는 콘텐츠를 만들어내는 것이 우리의 역할이다. 그리고 이것을 가능하게 하려면 본질적으로 가져야 할 시각은 좋아요를 많이 받는 게시물을 만드는 것이 아니라 사람들에게 저장되고 공유될 수 있는 콘텐츠를 만드는 관점을 키우는 일이다.

18

**성공한 브랜드의
광고 리뷰를 통해 배운
인사이트**

 몇 년 전 모 기업으로부터 자신들이 최근에 진행했던 광고에 대해 의견을 달라는 요청을 받았다. 광고 성과와 비용 대비 효율성 등 전반적인 관점에서 분석해달라는 내용이었다. 국내에서 이미 성공한 유명 브랜드인데 내가 평가할 내용이 있을까, 하는 의구심을 가지고 분석을 시작했다.

광고는 채널이나 진행 방식 등에 있어서 전반적으로 균형 맞게 잘 구성되어 있었다. 그런데 인스타그램의 인플루언서 마케팅 쪽에 유난히 비용이 더 많이 투입되어서 그 부분을 상세히 들여다보았다. 인플루언서 마케팅의 결과를 보며 팔로워의 규모보다 비용이 많이 들어간 듯 보였다.

팔로워의 수가 중요하지 않다고 계속 강조하면서 나 역시 일단은 비용 대비 효율을 팔로워의 규모로 본다는 것이 참 아이러니했다. 그 인물이 가진 진짜 실력을 모르는 상태에서 직관적으로는 이렇게 볼 수밖에 없는 것이 현실이다. 하지만 업계에 형성된 일반적인 광고비용보다 다소 높게 측정되었다. 이런 생각으로 광고 내용을 검토하면서 이 부분은 비용을 좀더 줄이거나 효율적으로 쓸 필요가 있겠다는 결론을 내리려고 했다.

그런데 내 생각을 완전히 바꾸었다. 해당 광고의 결과물 중에서 가장 하이라이트가 바로 인스타그램의 돋보기탭에 노출된 내용들이었다. 즉 팔로워의 규모는 작았어도 게시된 콘텐츠들이 인스타그램 추천영역에 엄청나게 노출된 것이다. 꽤 오랫동안 이 비즈니스를 해왔고 나름 전문가라고 인정받았던 내가 그때까지 깨닫지 못했던 사실을 리뷰를 통해 알았다.

이해의 편의성을 위해 인스타그램의 알고리즘에 대해서 간단히 설명해보고자 한다. 인스타그램은 관심사 기반의 추천을 잘해주는 원리를 가지고 있다. 당연히 기본적으로는 내 지인이나 팔로잉하는 사람의 소식도 보여주지만 돋보기 모양의 메뉴에 들어가면 내 평소 인스타그램 활동을 분석해 내 관심사에 적합한 콘텐츠를 보여준다. 소위 말하는 '어떤 릴스가 떡상한다는 것'도, '어떤 사람이 팔로워가 급격하게 증가하는 순간'도 대부분 이 추천영역에 노출되었을 때 일어나는 일이다. 그만큼 돋보기탭 영역은 관심사 고객에게 도달할 수 있고, 이와 동시에 엄청난 양적인 노출이 이루어진다는 의미다.

앞서 이야기한 '과연 팔로워 중에 몇 명이나 실제로 보는가?'에서 일반적으로 전체 팔로워 규모 대비 10퍼센트 미만으로 보는 것이 평균적인 범위라고 이야기했다. 즉 대부분의 계정이 이 정도의 도달이 나온다고 가정했을 때, 과연 돋보기탭에 노출된 게시물은 숫자적으로 어떤 효과가 있을까? 이것은 알고리즘을 얼마나 타느냐에 따라 결과가 천차만별이기에 딱 어느 정도라고 확정하기는 어렵지만, 최소한 자신이 보유한 팔로워 수에 비해 수십 배에서 수백 배까지도 도달하게 된다. 즉 자신의 팔로워 규모보다 어마어마하게 큰 범위로 콘텐츠가 도달한다는 사실이다.

세미나를 통한 실제 사례를 보면, 추천영역에 뜬 사람의 게시물이 자신이 가진 팔로워 규모보다 약 1,000배까지 도달한 근거 자료들도 많았다. 예를 들어, 약 4,000명의 구독자를 가진 유튜브 채널의 영상 조회수가 400만 회가 나온다는 것은 1,000배 이상이 도달되었다는 의미다.

1,000명의 팔로워를 가지고 있다고 가정해보자. 그냥 일반적인 게시물의 경우 약 10퍼센트 정도 도달된다고 했을 때 도달 범위는 100명 정도다. 그런데 이 계정이 추천영역에 뜨게 되어

서 10배만 더 도달되었다고 해도 1만 명에게 도달되는 셈이다. 추천영역에 뜬다는 것이 얼마나 큰 차이를 만들어내는지 알 수 있다.

앞서 이야기한 광고 결과에 대한 평가를 함에 있어서 '아! 이 브랜드가 성공하는 데 있어서 추천영역에 뜬 것이 큰 역할을 했었구나!'라는 것을 알았다. 마케팅 관점에서 본다면 전략적으로 추천영역에 뜰 수 있는 가능성이 높은 인물들과 콘텐츠로 구성했다는 의미다. '팔로워의 규모보다 추천영역에 뜨는 중요성'은 강의를 통해서도 계속 강조해왔던 부분이기도 했다.

주변에 대중적으로 성공한 브랜드들이 소비자들에게 퍼져 나가고 성장하는 과정에서 알고리즘 추천영역에 많이 노출된 것은 거의 공식 같다. 최근 2,000억 원 수준의 규모로 매각이 된 런던베이글뮤지엄이 엄청난 성장을 하던 시기에 해당 브랜드를 분석한 적이 있다. 당연히 기본적으로 창업자의 진정성 있는 마인드와 베이글의 맛을 제대로 내기 위한 수많은 노력 그리고 매장의 콘셉트와 인테리어까지 브랜딩과 관련된 모든 요소가 소비자의 열정적인 지지를 받을 만했다. 브랜드가 퍼져 나갈 수 있는 기본 조건이 갖춰진 것이다.

이러한 브랜드의 헤리티지가 만들어진 이후에 런던베이글뮤지엄과 관련된 콘텐츠가 타겟 고객들에게 도달되는 과정에서 알고리즘의 추천영역에 정말 많이 노출되었다는 것을 알 수 있었다.

지금도 그렇지만 그 당시에 인스타그램을 통한 주요 SNS 플랫폼에서 런던베이글뮤지엄의 포스트나 릴스를 안 본 사람이 거의 없을 정도로 알고리즘 추천영역을 통해서 노출되었다. 그리고 이러한 추천영역에 뜨게 만든 사람들은 모두 메가급의 인플루언서만이 아니라 내 주변인이자 작은 규모의 팔로워를 가진 사람들도 큰 역할을 했다.

특히 광고가 아닌 자발적인 포스팅의 비중이 높게 차지하기 때문에 대중적으로 더 퍼져 나갈 수 있었다는 것을 알 수 있었다. 이렇듯 디지털을 통해 알려지고 유명해진 최근의 다양한 브랜드와 제품의 사례를 보면, 알고리즘의 추천영역을 통해 관심사 타겟에게 도달되는 것은 공통으로 목격되는 현상이다.

마케터들 역시 이미 알고리즘 추천영역에 띄워야 하는 것이 매우 중요한 사실임을 알고는 있지만, 실행전략의 개념으로는 생각하지 못했던 것이 사실이다. 내가 강의하는 연세대학교 상남경영원의 고급 마케팅 과정은 가장 빠르게 변화는 패션, 뷰티 분야의 마케팅 트렌드와 사례에 대한 노하우를 타 분야에 알려줄 수 있는 강의다. 나에게는 삼성전자를 포함한 다양한 분야의 대기업 마케터 및 임원들을 만나 볼 수 있는 기회기도 하다. 이때도 인플루언서 마케팅에서 알고리즘 추천영역에 대한 중요성을 열정적으로 설파했다. 한번은 강의가 끝난 후 삼성전자의 마케팅 담당자가 내게 따로 말을 건넸다.

"강의를 통해 현실에서 바로 적용한 것이 바로 '알고리즘 추천'이었습니다. 지금까지 팔로워 규모만으로 섭외와 평가의 기준으로 보았는데, 이제는 대행사에 업무 가이드에도 이런 내용을 추가했어요."

개인적으로는 삼성전자 같은 세계적인 기업의 마케팅 담당자에게 현업에서 바로 적용할 수 있는 인사이트를 주었다는 것에 매우 보람을 느꼈던 시간이었다.

당연히 인스타그램이나 유튜브 알고리즘상 이왕이면 팔로워 수나 구독자 수를 많이 보유하고 있으면 이러한 추천영역에 뜰 가능성에 유리하다. 그래서 확률상으로 보면 메가급 인물들이 일반적으로 큰 효과를 내는 경우가 많다. 다만 우리가 이 시장을 바라보는 관점을 팔로워 수가 우선순위가 아닌 추천영역의 중요성을 먼저 바라보는 관점으로 변화되어야 한다.

추천영역에 뜬다는 것은 당연히 양적인 노출도가 엄청나게 커지는 것이기 때문에 관심사의 대상에 그만큼 많이 도달한다는 의미기도 하다. 덩달아 질적인 타겟팅도 따라가게 되고, 이는 브랜드의 인스타그램 팔로워가 실제 고객이 된다는 것과 일맥상통한다. 따라서 무조건 양적인 노출이 아니라 관심이 있는 대상에게 정확하게 초점을 맞춰 노출되는 것이 무엇보다 중요하다.

결론적으로 팔로워의 크기나 규모 이전에 우리가 선정한 인물과 콘텐츠가 추천 기능을 통해서 유사한 관심사를 가진 많은 사람에게 다가설 수 있는지를 가장 우선시해야 한다.

4장

최근의 변화

19

나노 인플루언서의 성장

 인류의 역사와 함께한 팔로워를 많이 보유한 인물들이(비록 그 당시에는 팔로우라는 개념은 없었지만) 디지털 시대가 시작되면서 스마트폰의 보급과 소셜 네트워크 채널의 확장으로 인해 이전에는 상상도 못 할 영향력을 가지게 되었다. 즉 지리적 한계에 갇힌 영향력이 이제는 디지털 플랫폼을 통해서 영역의 의미가 없어졌다. 특정 목적이나 상황에서만 필요했던 영향력이 이제는 평소에 언제든지 쉽게 찾을 수 있는 형태로 일상에 침투해 있다.

그리고 당연히 기업이나 브랜드는 이런 사람들과 함께 제품이나 서비스를 알리는 마케팅 활동을 적극적으로 진행하게 되었다. 팔로워 규모로 영향력을 판단하다가 수많은 실패와 성공 사례를 통해 축적된 경험으로 마케팅 홍보 방안이 점점 더 진화했다. 인플루언서를 활용한 마케팅이 시작된 지 불과 10년도 채 되지 않았기 때문에 여전히 현재진행형으로 변화하고 발전 중

이다.

인플루언서 마케팅에 대해 좀 더 효율적이고 발전된 방법을 모색하던 중 새롭게 떠오른 집단이 '나노 인플루언서' 그룹이다. 우선 팔로워의 수에 따라 인플루언서를 4단계로 구분할 수 있다.

정의하는 사람이나 관점에 따라서 팔로워 수의 구간을 다르게 보는 경우도 많지만, 소위 연예인이나 셀럽처럼 우리가 지나가

인플루언서 단계 구분

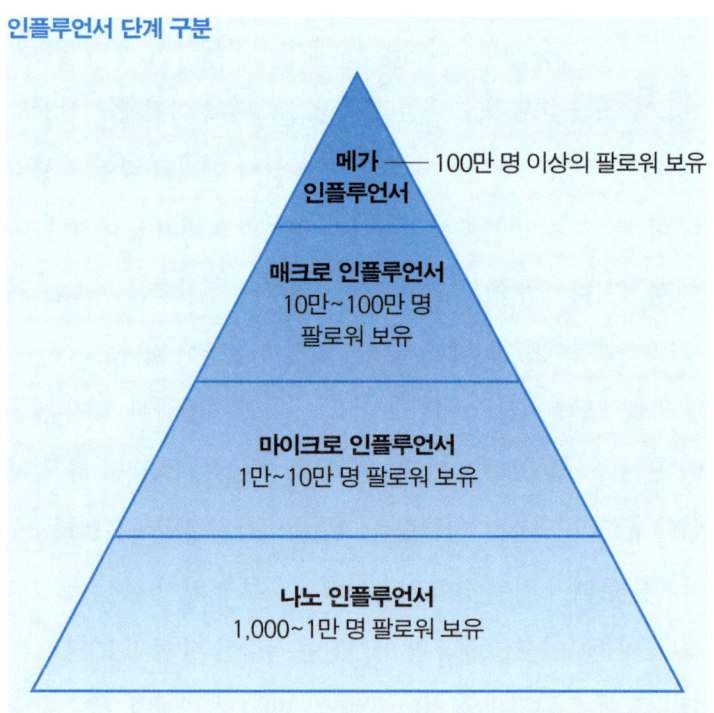

- 메가 인플루언서 — 100만 명 이상의 팔로워 보유
- 매크로 인플루언서 — 10만~100만 명 팔로워 보유
- 마이크로 인플루언서 — 1만~10만 명 팔로워 보유
- 나노 인플루언서 — 1,000~1만 명 팔로워 보유

도 대중적으로 알아볼 정도의 인지도를 가진 사람을 '메가 인플루언서', 이 정도까지는 아니지만 특정 분야에서 인정받고 있거나 강력한 팬덤이 있어서 해당 분야에 관심 있는 사람이라면 누구인지 알 수 있는 사람을 '매크로 인플루언서', 그리고 일반적으로 인플루언서라고 불리는 사람 중에서 브랜드의 제품 리뷰나 행사 초청에 경험도 많고 어느 정도 전문성을 가진 사람을 '마이크로 인플루언서'라고 부른다. 또 아직 광고를 수주하기까지는 안 되는 규모지만 성장 가능성이 있고 일반적인 계정보다는 큰 규모를 가진, 조금은 더 영향력이 있는 집단을 '나노 인플루언서'라고 부른다.

팔로워 규모가 꼭 100만 명이 안 되어도 메가 인플루언서로서 활동하는 사람도 있으며, 10만 명의 팔로워가 있어도 상대적으로 전문성이나 팔로워 신뢰도가 약하면 마이크로 수준의 영향력을 가지는 사람도 많다.

4단계 중에서 매크로 그룹이 가장 실패 사례가 많다. 물론 여전히 강력한 팬덤을 가진 매크로 그룹도 존재한다. 다만 실패라고 이야기하는 관점은 '실패했다'라는 접근보다는 광고를 집행했을 때 '비용 대비 효과'가 많이 떨어진다는 것을 의미한다. 또한 실행 빈도수로 봤을 때도 메가 그룹에 비해 성공 빈도수가 상대적으로 적었다는 의미기도 하다.

브랜드 입장에서 메가 그룹을 쓰기에는 비용 부담이 크고, 마이크로 그룹을 쓰기에는 조금 임팩트가 약한 것 같아서 많이 활용하는 그룹이 매크로 그룹이다. 그렇다고 해서 매크로 단계의 광고 비용이 브랜드 입장에서 저렴하지는 않다. 그럼에도 불구하고 투입된 예산만큼의 기대치가 나오지 않는 사례들이 많았다. 따라서 실패로 인해 피로도가 쌓인 브랜드들은 매크로 그룹의 인플루언서를 예전보다는 덜 선호한다.

한번은 이런 내용으로 연세대학교 경영학부에서 강의한 적이 있었는데, 강의가 끝나자 한 여학생이 다른 사람들의 질문이 끝날 때까지 기다린 후 내게 개인적으로 말을 건넸다.

"대표님, 저는 오늘 강의 내용 중에서 매크로 단계에 대해서 브랜드가 예전보다 광고를 줄였다는 말에 정말 동감해요."

그래서 나는 왜 그렇게 생각하는지 이유를 물었다.

"제가 사실 팔로워가 몇십 만이 되는 매크로 단계에 있는 틱톡커인데요. 저한테 들어오는 광고 제안이 현저히 줄었어요."

실제로 그 그룹에 있는 사람들이 자신의 자리에서도 이런 상황을 느끼는구나, 하는 사실을 알 수 있었다.

이러한 일들을 겪으면서 브랜드 입장에서는 다소 비용 부담이 있더라도 그만큼 강력한 인지도와 팬덤을 가지고 있는 메가 크리에이터들을 조금 더 선호했고, 이와 함께 비용 부담이 매크로보다 훨씬 적은 마이크로 그룹을 많이 활용했다.

이러한 현상과 동일한 관점으로 떠오른 그룹이 나노 인플루언서다. 사실 불과 몇 년 전만 해도 이 그룹은 마케팅에는 전혀 활용되지 않았다. 표면적으로 팔로워 규모가 적다고 보여지기 때문에 브랜드가 공식적으로 광고를 주는 대상으로 삼지 않았고, 디지털이나 알고리즘에 대한 이해도가 적어서 나노 인플루언서 그룹을 활용해서 좋은 결과를 내는 방법을 몰랐기 때문에 더욱 관심을 받지 못했던 그룹이다.

그러나 브랜드나 기업들이 여러 번의 실패를 경험하고 디지털에 대한 이해도가 올라가면서 나노 인플루언서 그룹이 점점 더 인정받기 시작했다. 나노 인플루언서 그룹은 비용 대비 효율을 보지 못했던 다른 단계보다 비용 부담이 적어서 조금은 다량으로 접근이 가능하다. 그래서 브랜드들이 이 그룹을 활용하려는 움직임이 늘어났다. 여기에 경기 둔화로 인한 마케팅 예산의

축소도 이러한 현상에 한몫했다.

재미있는 사실은 나노 인플루언서에 대한 접근이 한국만이 아니라 해외에서도 동일한 움직임이 있었다는 사실이다. 오히려 한국보다 빠르게 나노 인플루언서를 활용한 성공 사례가 많이 나왔다.

세계적인 화장품 기업 에스티 로더Estee Lauder 기업의 한국 법인인 이엘씨에이 코리아ELCA Korea에 강의가 잡혀서, 강의 전에 교육담당자와 강의 내용에 대한 사전 논의를 한 적 있었다. 그래서 인플루언서 마케팅 트렌드와 전략 사례 중에 나노 인플루언서에 대한 내용이 있다고 이야기했더니, 그들의 글로벌 파트너에도 나노 그룹을 통한 성공 사례가 많이 있어서 마침 필요한 내용이었다며 매우 반가워했다.

해외에서도 디지털 광고를 하면서 우리와 똑같이 인플루언서 마케팅을 중요한 포지션으로 두고 우리와 비슷한 발전 과정을 겪으면서 똑같은 실패 경험을 했다. 즉 값비싼 비용을 주고도 브랜드가 원하는 성과를 달성하지 못하는 사례와 이에 따른 피로도가 늘어남에 따라 애매하게 유명한 인플루언서에게 적지 않은 광고비용을 지불하는 것을 점점 꺼렸다. 이러한 상황에서 집중하게 된 그룹이 나노 인플루언서였다.

예를 들어, 한 명의 매크로 인플루언서를 썼을 때보다 같은 비용으로 수백 명의 나노 인플루언서를 통해 브랜드를 홍보했을 때가 더 좋은 성과를 달성했다. 즉 동일한 예산을 집행했을 때 한 사람의 인물을 사용해서 콘텐츠를 만드는 것보다 최대한 다양한 사람을 통해서 다양한 콘텐츠를 만들었을 때 알고리즘에 걸릴 확률이 높아졌다. 브랜드가 원하는 타겟 고객에게 도달할 수 있는 범위를 비약적으로 넓혀서 결국 광고의 목표를 달성하기가 훨씬 더 수월하다는 것을 깨달았다.

여기서 한발 더 나아가 더 디지털을 이해하고 광고하는 브랜드는 처음부터 다인원의 나노 인플루언서를 고용해 어떤 콘텐츠와 앵글이 알고리즘에 걸릴 수 있는지를 찾아가는 과정을 시도했다. 그러면 소위 말하는 떡상하는 콘텐츠가 무엇인지를 발견할 수 있다. 그런 후 유사한 콘텐츠를 추가로 만들어내고 배포하면서 광고의 효과를 극대화하는 전략을 수행했다. 나노 인플루언서는 소규모의 팔로워를 가지고 있지만, 나와 비슷한 라이프스타일을 추구하고 있어서 보다 밀접한 관계를 맺기 때문에 구매 전환 효과에도 긍정적일 수밖에 없다.

이러한 이유로 팔로워 수의 규모는 작아도 자신만의 영향력을 가진 나노 인플루언서 그룹이 인정받기 시작하면서 성장했다. 이는 불과 몇 년 전만 해도 상상 못 할 일이었다. 인지도가 좋은 브랜드 입장에서는 몇만 명의 팔로워를 가진 마이크로 인플루언서와 함께하는 것도 주저했는데, 몇 천 명도 안 되는 팔로워를 기업의 광고로 활용된다는 것은 놀라운 발전이었다.

글로벌 스포츠웨어 브랜드인 룰루레몬Lulu Lemon과 같은 성공한 브랜드도 나노 인플루언서를 전략적으로 매우 잘 활용한다. 나는 10년 이상 고강도 운동인 크로스핏을 해왔고, 감사하게도 현역에서 격투기 선수로 활동하고 있는 코치에게서 운동을 배울 기회를 가졌다.

그런데 어느 날 크로스핏 박스를 갔는데, 내 담당 코치가 룰루레몬 앰버서더가 되었다는 포스터가 붙어 있었다. '역시 룰루레몬이 세계적으로 성공하는 데는 다 이유가 있었네'라는 생각이 저절로 들었다. 그 코치는 고작 수천 명의 팔로워를 보유했지만 '격투기'라는 특정 분야의 전문성을 가지고 있었다.

즉 그는 유명 인플루언서는 아니더라도 여기서 말하는 나노 인플루언서에는 정확하게 해당하는 인물이었다. 룰루레몬은 그 코치와 함께 수업도 열고 다양한 활동을 하면서 그의 주변 사람들에게 브랜드를 알렸다. 무슨 결과가 있었을까? 한 번도 룰루레몬을 구매해본 적 없던 나도 룰루레몬을 구매했다!

핵심 오피니언 소비자

 함께 일하는 글로벌 브랜드가 많다 보니 해당 브랜드의 해외 본사에서 한국으로 출장을 오는 경우가 종종 있다. 그럴 때마다 그들에게 한국의 디지털 시장에 대해 설명한다. 이런 빈도수가 많아지면서 해외에서 한국 시장에 관심이 정말 많아졌다는 것을 느낀다.

유튜브가 전 세계 최초로 한국에서 라이브 커머스를 시도하고, 최근에 오픈한 유튜브 전용 스토어도 우리가 처음으로 오픈한 것처럼 플랫폼만이 아닌 브랜드도 한국 시장에 대한 반응을 더욱 주목하고 있다. 그래서 가수 싸이의 '강남스타일'로 시작된 K-문화의 흐름이 방탄소년단BTS을 필두로 하는 아이돌 그룹과 봉준호 감독의 〈기생충〉 같은 영화 그리고 넷플릭스의 〈오징어 게임〉 같은 콘텐츠로 이어지면서, 특정 문화만이 아닌 한국이라는 시장 자체에 관심이 커지고 있다. 결국 한국의 더 많은 분야로 해외 관심사가 확장되고 있다.

예를 들어, 내 경우 글로벌 브랜드의 CEO 앞에서 한국의 디지털 시장을 설명한다든지, 해외 브랜드의 창립자에게 한국에서의 제품 출시와 관련된 컨설팅을 한다든지, 예전에 없던 이런 활동들이 더 많아졌으니 말이다.

한번은 니베아NIVEA, 유세린Eucerin과 같은 브랜드를 보유한 글로벌 기업인 바이어스도르프의 아시아 담당자가 한국을 방문하니, 우리의 디지털 현황에 대해 발표해달라는 요청을 받았다. 그래서 한국 사람들이 쓰는 디지털 채널, SNS 현황 등 우리나라에 특화된 지표에 대해 이야기하면서 당연히 인플루언서 마켓에 대해서도 설명했다. 그는 다른 나라와 마찬가지로 인플루언서 마케팅이 현재 가장 효과가 있고 화두가 되는 분야이기 때문에 특히나 관심을 가지고 경청했다. 그중에서도 나노 인플루언서 그룹에 대해 더욱 관심을 보였다.

"한국도 그렇군요! 저희도 똑같아요. 이런 사람들의 신뢰도와 영향력이 올라가고 있어요. 그런데 우리는 이 그룹을 나노 인플루언서라고 부르지 않아요. 우리는 이 사람들을 K.O.C.라고 부릅니다! 바로 '핵심 오피니언 소비자Key Opinion Customer'라는 의미죠."

들자마자 정말 딱 맞는 표현이라 생각했다. 아니 어쩌면 나노 인플루언서라는 표현보다 더 정확했다. 내가 주로 다루는 분야가 패션과 뷰티이다 보니 다른 어떤 분야보다 이런 영향력 있는 사람의 힘이 중요했다. 그래서 인플루언서라는 단어가 나오기 훨씬 이전부터 이미 K.O.L. 즉 핵심 오피니언 리더 Key Opinion Leader 라는 용어를 사용했다.

물론 지금도 여전히 사용되고 있다. 그 당시만 해도 인스타그램이나 유튜브 같은 채널은 없었지만 미디어에 종사하고 있는 기자나 혹은 잡지 편집장, 패션모델이나 메이크업 아티스트 등 모두가 K.O.L.이었던 셈이다. 즉 해당 분야에서 목소리를 낼 수 있는 사람을 지칭하는 표현이었다.

이런 관점에서 소비자를 대표해 목소리를 낼 수 있는 그룹이라는 의미로 나노 인플루언서를 K.O.C.라고 불렀다. 나노 인플루언서는 팔로워의 규모가 작기 때문에 한 사람이나 소수의 사람만으로는 특정 효과를 보기 쉽지 않다. 그래서 영향력을 발휘하는 입장에서 '인플루언서'라는 단어를 붙이는 것이 맞지 않는다. 그래서 일반 소비자 중에서 주요 목소리를 낼 수 있는 사람에게는 K.O.C.라는 표현이 적절하다고 생각한다.

즉 일반적으로는 이들의 팔로워 규모만으로 넓은 범위로 영향력을 발휘할 수 없지만 분명히 일반 소비자와는 명확히 다른 집단이다. 그래서 인플루언서까지는 아니지만 소비자의 의견을 대표하는 역할은 할 수 있다는 의미다.

브랜드나 기업은 여러 방향으로 이런 사람들과 협업할 수 있다. 첫 번째로 제품에 대해서 강력한 구매로 이어질 콘텐츠 간증글로 영향력을 발휘할 수 있다. 핵심 오피니언 소비자라는 표현 자체가 소비자를 대표해 의견을 낼 수 있는 사람으로, 규모가 큰 인플루언서보다는 조금 더 현실감 있고 진실성 있는 콘텐츠나 제품 또는 서비스 구매에 강력한 근거를 만들어낼 수 있는 그룹이다.

앞 장에서 나노 인플루언서의 정의가 팔로워 규모는 1만 명 이하지만 나와 매우 유사한 라이프스타일을 가지고 있고, 일반 유명 인플루언서보다는 나와 밀접한 관계를 맺고 있어서 보다 높은 신뢰도를 가진다고 설명했다. 따라서 이들의 리뷰가 메가 인플루언서나 전문적인 인플루언서보다 시각적인 질이나 콘텐츠의 구성적인 측면에서는 다소 부족해보일 수 있지만, 구매 근거가 되는 '신뢰'의 목적으로는 훨씬 더 큰 효과를 발휘할 수 있다.

제품에 자신 있는 브랜드라면 이 K.O.C. 그룹을 폭넓게 사용해볼 것을 추천한다. 그동안 보았던 여러 성공 사례에서도 그렇고, 디지털이 없던 시대에도 그렇고 제품력이 뛰어나고 누구나 인정하는 유사 제품군과 차별성을 가지고 있다면, 이런 K.O.C. 그룹만으로도 팔로워 규모에 상관없이 큰 힘을 발휘할 수 있다는 것을 알 수 있다.

어느 날 한 직원이 결혼할 남자친구를 소개해주고 싶다고 해서 저녁식사를 함께 했는데, 취미생활에 대한 이야기를 나눴다. 남자친구는 러닝에 진심인 친구였다. 그래서 해외여행을 가도 미리 어디를 달릴 것인지를 정할 정도였다.

순간 직업병이 발동해 "어? 그럼 혹시 인스타그램 하세요? 우리 회사에서 러닝화 브랜드도 마케팅을 꽤 하거든요. 혹시 협찬을 연결해줄 수도 있어서요"라고 말했다. 그러자 그는 자신의 인스타그램 계정을 보여주더니 "대표님, 저 이미 아식스에서 협찬받고 활동하고 있어요!"라고 대답했다.

그의 인스타그램 계정을 보니 팔로워 규모가 1,000명 정도였다. 정확히 K.O.C. 그룹에 해당하는 수준이었다. 인플루언서처럼 활발히 활동하지는 않는 평범한 직장인이었지만, 확실한 것은 러닝에 진심인 사람이었다. 인스타그램의 거의 모든 게시물이 달리기와 관련된 내용밖에 없었다.

우리 회사가 아식스의 마케팅을 일부 수행하고 있는데, 우리보다 앞서서 이미 브랜드에서는 이런 사람들을 발굴해 브랜드와의 관계를 맺어 놓은 것이다. 관계를 맺은 사람의 입장에서는 자신의 취미에 대한 진정성을 인정해주는 브랜드니, 그에 대한 충성도가 높아지는 것은 당연하다. 그는 K.O.C.가 의미하는 것처럼 소비자의 대표 의견자 역할을 하며 브랜드와 제품을 알리는 활동을 하는 중이다.

디지털이 없던 시절에도 유의미한 영향을 미쳤던 그룹이 이제는 디지털을 통해서 더 강력한 힘을 발휘할 수 있게 되었다. 그리고 이들은 브랜드의 자발적 전파자이면서 동시에 충성도 높은 고객이기도 하다.

결과적으로 아무리 팔로워 규모가 크더라도 팔로워와의 깊은 신뢰를 형성하지 못한 사람과 협업할 바에는 주변에 있는 K.O.C.를 발굴해 이들의 목소리에 귀 기울이고 이들을 지원하는 것이 브랜드에는 큰 자산이 되고 신뢰받는 그룹으로 성장할 수 있으리라.

21

**숏폼 콘텐츠의
무서운 기세**

이제부터 '숏폼'에 대해 이야기하고자 한다. 앞에서 '친구'에서 '팔로워'는 '변화'지만, '팔로워'에서 '구독자'는 '진화'라고 했다. 그리고 이 전환의 중심에는 유튜브 채널이 있었다. 유튜브가 기존 채널과 달랐던 것은 영상을 기반으로 소통한다는 것이다. 즉 팔로워가 구독자로 진화하는 데는 영상이 큰 역할을 했다고 해도 무방하다.

우리는 책이나 언어를 통해서도 배우지만 영상은 가장 쉽게 배우고 이해할 수 있는 포맷이다. 인간이 살아가면서 눈으로 보고 몸으로 느끼는 것도 내 눈앞에서 펼쳐지는 움직이는 모습을 통해서고, 이런 움직임을 영상으로 기억하는 것이다.

결국 유튜브는 인간이 가장 쉽게 배우고 기억할 수 있는 포맷인 영상 콘텐츠를 통해 사람들과 소통하기 때문에 지금의 성공을 이룰 수 있었다. 이를 통해 인류가 콘텐츠를 소비하는 패턴도 바뀌었다.

하지만 텍스트와 이미지로만 이루어졌던 블로그나 인스타그램과는 다르게 유튜브는 영상을 촬영하고 편집하고 자막을 넣는 등의 기술을 요했다. 따라서 일반인이 접근하기에는 다소 어려워 전문적인 영역으로 인식되었다. 전문 유튜브 크리에이터로서 시작하려면 약간의 허들이 존재했다.

하지만 지금은 유튜브 콘텐츠 제작을 위한 영상 편집 활동을 지원하는 다양한 어플리케이션이 개발되고 발전해 일반인들에게도 접근이 쉬워졌다. 전문적인 교육을 받지 않은 초등학생도 금방 자신이 게임하는 영상을 저장해 편집 프로그램으로 재편집한 뒤 쉽게 유튜브에 올릴 수 있는 시대가 되었다.

다만 예전에는 숏폼이라는 개념이 없어서 이런 짧은 길이의 영상을 만들지 않아서 짧게는 수십 분, 길게는 한 시간짜리 영상 하나를 촬영하려면 엄청난 시간을 할애해야 했다. 물론 편집하는 데도 어려움이 많았다.

이러한 흐름에서 짧은 길이의 영상이라는 숏폼이 생겨났다. 숏폼의 원조를 틱톡이라고 생각하는 사람들도 많겠지만, 숏폼의 트렌드를 처음 배운 곳이 뮤지컬리musically라는 앱이었다. 뮤지컬리는 틱톡과 동일하게 중국에서 시작된 소셜미디어인데, 오히려 미국에서 크게 성공한 앱이다.

앱 이름에서 알다시피 뮤지컬리는 립싱크 뮤직비디오를 주요 콘텐츠로 하고 있었다. 즉 젊은 세대들이 기존의 춤과 노래를 따라 하거나 자신만의 스타일로 짧은 영상을 만드는 것이 주목적이었다. 뮤지컬리는 2014년에, 틱톡은 2016년에 출시했다. 틱톡은 중국 회사인 바이트댄스에서 개발했는데 중국 내에서는 더우인(抖音)Douyin으로 서비스되었다. 그리고 2017년 바이트댄스가 뮤지컬리를 인수하고, 2018년에 틱톡으로 통합시키면서 지금의 틱톡이 되었다.

숏폼 콘텐츠의 등장은 단순히 새로운 포맷의 등장만이 아니라 콘텐츠의 공급자와 소비자 입장에서 엄청난 성장을 이끌어냈다. 공급자 입장에서 볼 때 영상 콘텐츠를 만드는 시간과 편집에 대한 허들을 드라마틱하게 낮추면서, 그야말로 누구나 쉽게 영상 콘텐츠를 만들 수 있게 되었다. 그러다 보니 다양한 주제가 많이 시도될 수 있어서 숏폼 콘텐츠 시장 자체가 커졌다.

사용자 입장에서 볼 때 약간의 뇌 과학적인 측면에서 설명하자면, 콘텐츠가 서서히 빌드업되기보다는 빠르게 결론이 나오고 빠르게 영상의 결과를 알 수 있어서, 동시에 빠르게 도파민이 나온다. 따라서 일반 길이의 영상보다 조금 더 중독성이 강하다.

최근 세미나에서 발표하는 내용 중 하나가 우리가 '숏폼 콘텐츠를 몇 시간 동안 보느냐'다. 2021년 2월 인스타그램이 플랫폼 내 영상 콘텐츠인 릴스 출시를 시점으로 사용자와 사용시간이 꾸준히 증가되었고, 유튜브 역시 쇼츠를 통해 채널 방문자 수가 폭증했다.

특정 플랫폼이 아닌 숏폼 콘텐츠의 사용량이 얼마나 대단한지를 보여주는 수치는 OTT의 대표주자인 넷플릭스와 숏폼 콘텐츠와의 사용시간 비교 자료를 보면 알 수 있다. 2024년 8월 기준 와이즈앱 리테일에서 '국내 앱 1인당 월평균 사용시간'을 조사한 결과에 따르면 숏폼(유튜브, 틱톡, 인스타그램)의 경우 월평균 41시간 56분, OTT(넷플릭스, 티빙, 웨이브, 디즈니플러스, 쿠팡플레이)의 경우 월평균 7시간 17분으로 나타났다. 불과 몇 년 전만 해도 OTT보다 숏폼의 사용량이 3~5배였던 수치가 (이때도 매우 높다고 생각했다) 최근에는 무려 9배 이상까지 올라왔다.

보통 넷플릭스 같은 채널을 한 번 보면 최소 1시간, 길게는 2시간 이상도 보는데, 어떻게 짧은 시간의 숏폼 영상을 무려 9배 이상을 보는지 가늠이 잘되지 않는다. 그만큼 우리도 모르게 많은 시간을 숏폼을 보는 데 시간을 사용한다는 사실이다. 나 역시도 잠자기 전 최소 30분은 스마트폰과 영상 매체에서 떨어져 있자고 다짐하지만, 결국 유튜브 쇼츠나 네이버 클립 등의 영상을 보고 만다.

팔로워 수가 이전보다 의미가 없어지는 현상과 숏폼의 성장을 연결지어서 설명해보고자 한다. 앞에서 언급한 대로 사람과 사람이 소통하는 데 있어서 '영상 포맷'이 다른 형태의 전달 수단보다 효과적인 역할을 한다. 그런데 숏폼이라는 개념이 없던 시절에는 영상을 만들기 위해 들어가야 하는 모든 과정인 기획, 촬영, 편집이 쉽지 않았고, 그래서 조금 더 전문성을 갖고 있거나 유튜버들만의 영역으로 한정되어서 그들만 영상 콘텐츠를 제작하는 분위기였다.

하지만 숏폼이 활성화되면서 영상 콘텐츠를 소비하는 입장과 공급하는 입장 모두에서 성장했고 팔로워 규모가 크지 않아도, 보다 덜 전문적이어도 영상 콘텐츠를 통한 의사소통이 매우 쉬워지고 일상화되었다.

즉 영상 콘텐츠를 만들고 제공하는 입장에서 진입장벽이 낮아졌다는 의미는 소비자에게 어필될 수 있는 콘텐츠를 시도할 기회도 그만큼 많아졌다는 의미다. 그래서 팔로워 규모가 작은 사람들도 조금은 더 운영 경험이 크고 조금은 더 전문가 영역이라고 생각했던 일들을 쉽게 접근할 수 있었다.

따라서 지속적인 숏폼을 통해 게시물 수를 늘리면, 플랫폼의 알고리즘에 걸릴 확률이 높아지고, 나아가 알고리즘에 걸린 좋은 콘텐츠는 마치 메가 크리에이터의 콘텐츠가 터지듯이 플랫폼상에 퍼져 나가며 엄청난 효과를 낼 수 있다.

이러한 방법을 통해 성공한 중소기업의 사례도 많다. 대중적인 인지도가 없던 기업인데 공식 인스타그램 계정을 만들어 릴스 콘텐츠를 만드는 데 집중했다. 큰 기업들이나 유명 브랜드와는 조금 다르게 제대로 만들어진 정제되고 가꾸어진 멋진 콘텐츠 1~2개를 만드는 채널 운영이 아니라 거의 매일 1개씩, 그러니 한 달에 20개가 넘는 릴스 콘텐츠를 다량으로 만들어 올린 것이다.

이렇게 양적으로 많은 콘텐츠를 하려면 콘텐츠 질은 다소 떨어질 수 있다. 하지만 릴스와 쇼츠에 나오는 콘텐츠를 받아들이는 소비자들은 이걸 못 만들었다고 느끼거나 수준이 낮다고 느끼지 않는다. 알고리즘이 나의 관심사에 맞춰서 추천해주는 숏폼 콘텐츠는 내용 자체가 나한테 적합해서 푸쉬성 광고보다는 호의적으로 보게 된다. 그리고 콘텐츠의 포맷도 어쩌면 조금은 아마추어 느낌의 콘텐츠, 조금은 날 것의 느낌이 나는 콘텐츠가 릴스스럽고 쇼츠스러운 콘텐츠라고 생각한다.

결국 이런 분위기의 콘텐츠가 기존에 잘 가꾸어지고 완벽하게 만들어진 공식 영상들과는 다르게 소비되는 숏폼 콘텐츠가 된다. 숏폼 콘텐츠 마케팅을 통해서 작게는 수천만 원, 많게는 수억 원에서 수십억 원까지 매출을 올리는 사례를 보면서 소비자들이 얼마나 숏폼 콘텐츠를 많이 접하고 반응하는지를 체감할 수 있었다.

결론적으로 이전에는 팔로워의 규모가 크거나 이미 성장한 사람들만이 주로 낼 수 있는 큰 결과물들을 숏폼이라는 콘텐츠 포맷을 통해 작은 팔로워의 규모를 가진 사람들에게도 충분히 큰 결과를 만들 수 있는 시대로 변했다는 것이다. 물론 과거에도 작은 팔로워 규모의 사람들에게 전혀 기회가 없었던 것은 아니지만 숏폼이라는 새로운 형태의 포맷을 통해 훨씬 더 많은 기회를 갖는 계기가 되었다.

결국 지금은 누구에게나 팔로워 규모에 상관없이 언제든 콘텐츠를 터트리고 채널을 성장시킬 수 있는 기회가 넓어졌다. 이러한 이유로 숏폼의 성장은 분명 성공할 수 있는 많은 기회를 제공한다.

22

틱톡 알고리즘의 성공

 숏폼 문화의 시작과 끝을 '틱톡'과 동일시해도 과언이 아니다. 마치 미국의 10대들 사이에서 '스냅챗' 플랫폼의 휘발성 메시지 기능으로 일정 시간 동안 인기를 끌었고, 인스타그램이 '스토리'라는 동일한 콘셉트의 기능을 제공해 사용자들의 요구에 맞추었던 것처럼 틱톡으로 촉발된 숏폼 콘텐츠의 엄청난 잠재력을 보았다.

인스타그램에서는 '릴스'로, 유튜브에서는 '쇼츠'를 각각의 플랫폼에 해당 기능을 장착했다. 이로 인해 전 세계적으로 숏폼 트렌드를 형성했다. 그리고 네이버에서도 '클립'이라는 한국형 숏폼으로 사용자들의 체류 시간을 늘렸다.

하지만 틱톡의 성공에는 다른 채널과의 차별성에 있다. 당연히 숏폼이라는 짧은 길이의 콘텐츠가 가장 중요한 요소이긴 하지만, 틱톡의 알고리즘에는 또 다른 특성이 있었다. 바로 알고리즘 'For You'다.

개개인을 위한 추천 콘텐츠는 모든 플랫폼에 동일한 것이 아니냐고 물을 수도 있다. 맞는 이야기다. 기본적으로 인스타그램과 유튜브 역시 사용자의 관심사 기반에 초점을 맞춰 개인을 위한 콘텐츠를 추천해주는 기능이 있다. 다만 틱톡은 두 플랫폼보다 개인화된 콘텐츠 추천에 가장 큰 비중을 둔다.

인스타그램은 조금 더 소셜 네트워크 플랫폼이기 때문에 기본적으로 '관계'에 초점을 맞춘다. 즉, 누군가를 팔로우하고, 누군가의 팔로워가 되는 기반의 채널이다. 그래서 내 추천에는 기본적으로 내 관계 속에 있는 사람들이 먼저 노출되는 것이 기본 알고리즘이다. 즉 개인의 관심사보다도 내 지인, 내가 팔로우하는 사람들의 콘텐츠가 우선순위에 있다. 인스타그램이 내가 방문했던 사람이나 반응했던 콘텐츠를 분석해서 내 관심사에 적합한 콘텐츠들을 돋보기탭을 통해서 추천해주는 알고리즘을 갖고 있기는 하지만, 조금 더 근본에는 내 팔로잉-팔로워의 관계가 자리잡고 있는 플랫폼이다.

유튜브 역시 마찬가지다. 당연히 내가 시청했던 영상이나 방문했던 채널들을 분석해서 내 관심사에 기반한 나만의 콘텐츠가 추천되는 것이 맞다. 이 알고리즘 또한 기본 바탕에는 '구독'이라는 시스템을 기반한다. 마치 인스타그램에서 내가 팔로잉하는 사람들에 대한 콘텐츠를 먼저 보여주는 것처럼, 유튜브도 일단은 내가 구독하는 크리에이터에 중요도가 부여된다. 채널의 U.I.(유저 인터페이스)에서도 내 구독 채널에서 어떤 콘텐츠가 올라왔는지가 잘 보여지도록 설계되어 있다.

   나 역시 유튜브를 쓰는 패턴이 '홈' 메뉴에서 보이는 '내게 추천하는 콘텐츠'도 보지만, 기본적으로는 내가 구독하는 관심 분야의 채널에서 최근 업데이트된 영상들을 우선적으로 보게 된다. 그리고 이런 순서를 먼저 거친 후 그 영상들을 모두 보거나 혹은 그런 영상 중에 볼 것이 없을 경우 나를 위한 추천 콘텐츠를 찾아본다. 물론 추천 콘텐츠를 통해 새로운 채널들을 알게 되어 구독으로 연결되기 때문에, 크리에이터 입장에서는 추천 영역에 뜨는 것이 새로운 구독자들을 유입할 수 있는 가장 중요한 경로가 된다.

   즉 인스타그램이나 유튜브의 알고리즘으로 인해서 기존에 많은 팔로워(구독자)를 보유한 메가 크리에이터들이 콘텐츠 노출에서 우위를 가져갈 확률이 매우 높다. 나를 팔로우하는 사람들에게 내 콘텐츠가 우선 노출될 것이고, 그들의 화면에 내가 우선으로 보여질 것이기 때문에 많은 팔로워를 보유한 사람들은 당연히 그만큼 많은 사람에게 먼저 보여질 기회를 갖는다. 이렇게 사람들이 자주 보는 콘텐츠에 대해 알고리즘은 좋은 콘텐츠라고 판단해서 유사한 관심사를 가진 또 다른 사람들에게 계속해서 추천하면서 영향력을 확장시켜준다.

이것이 소위 말하는 콘텐츠의 떡상(순위, 가치, 등급 등이 갑자기 크게 오름을 속되게 이르는 말)을 만들어내는 원리다. 그래서 유튜브는 상대적으로 팔로워의 규모가 작은 마이크로나 나노 크리에이터보다는 팔로워의 규모가 큰 메가 크리에이터들이 좀 더 영향력을 발휘하기 좋은 채널이다.

그런데 틱톡은 이런 관계성보다는 관심 콘텐츠와 적합한 추천에 진심인 채널이다. 틱톡에도 당연히 팔로잉이라는 관계가 있으며, 많은 팔로워를 보유한 메가 크리에이터가 큰 영향력을 가지는 것도 동일하다. 다만 개인 피드에서 보았을 때 이런 관계성보다는 개인의 관심사를 더욱 크게 보고 거기에 맞는 콘텐츠가 보여지는 것이 중요하다. 어떤 영상을 끝까지 시청했고, 어떤 영상을 중간에 멈췄는지 등에 대한 판단부터 어떤 사운드에 반응했는지, 어떤 해시태그나 트렌드에 반응했는지 등과 같이 조금 더 세부적인 개인의 흥미를 분석한다.

실제로 틱톡 콘텐츠를 잘 터트리는 방법 중에는 배경음악을 잘 고르는 방법도 있다. 그러다 보니 상대적으로 팔로워 규모가 작은 틱톡커들도 콘텐츠를 게재했을 때 특정 개인의 관심사와 일치하는 것이 있을 경우에는 타인의 개인 피드에 추천 노출이 된다. 즉 알고리즘에 있어서 틱톡은 인스타그램과 유튜브보다 팔로워의 규모에 상대적으로 덜 영향을 받는다.

틱톡 마케팅으로 성공한 사업가의 영상을 본 적이 있는데, 그가 이렇게 말했다.

"틱톡은 바이럴 영상에서는 공평했어요. 팔로워가 500명이든 50만 명이든 상관없어요. 그래서 저는 큰 크리에이터가 아닌 작은 크리에이터들과 일하길 원했죠. 그들도 좋은 콘텐츠를 만들면 추천 영상에 뜰 수 있고, 그들도 바이럴을 만들어 낼 수 있어요."

그는 이런 틱톡 알고리즘을 이해해서 소수의 메가 크리에이터가 아닌 다수의 작은 크리에이터들과 다량의 콘텐츠를 생산했다. 여기서 알고리즘에 추천이 되는 영상이 나올 경우 다른 모든 크리에이터에게 똑같은 콘셉트의 영상을 만들게 하는 전략을 펼쳐서 큰 성공을 거두었다. 틱톡에서는 팔로워의 규모가 작은 사람들을 통해서도 얼마든지 마케팅에 성공할 수 있다는 것을 증명해낸 셈이다.

　어떤 관점에서는 콘텐츠의 창조성을 무시한 행동이라고 생각할 수도 있다. 하지만 확실한 것은 틱톡의 알고리즘이 팔로워의 규모에 덜 영향을 받는 방식이라는 점이다. 틱톡에서는 콘텐츠만 잘 만들면 팔로워 규모와 상관없이 마케팅을 성공적으로 할 수 있는 플랫폼인 것은 분명하다.

　나는 국내에서 10대를 대상으로 하는 브랜드와 거의 일을 하지 않아서 한국에서는 틱톡 마케팅에 대한 경험이 많지 않지만, 내가 직접 경험한 해외에서의 사례들도 이와 동일하다.

　K-음식의 인기가 세계적으로 높아지는 추세에 맞춰 우리 회사에서는 태국 방콕 중심부에 있는 한국식 BBQ 식당에 투자하고 있다. 식당의 콘셉트는 한국 전통 방식으로 초벌을 한 뒤에 숯불과 등심과 안심 같은 소고기, 혹은 삼겹살과 목살과 같은 돼지고기를 먹는 식당으로 인테리어도 고급스럽게 했다.

　이 가게를 홍보하는 데에 당연히 인플루언서를 활용했다. 국내와 달리 해외에서는 틱톡의 영향력이 강력했기 때문에 틱톡커들을 초청했다. 역시나 인스타그램과 유튜브와는 조금 다른 결과를 체감할 수 있었다. 이들 인플루언서들의 영상 조회수나 참여율은 어느 정도 팔로워의 규모와 상관관계가 있었다. 팔로워 규모가 큰 사람이 대체로 영상 조회수도 높았고, 좋아요나 댓글 등의 참여율 역시 팔로워 수와 비례했다.

그런데 틱톡커의 경우 팔로워 규모와 상관없이 영상 조회수가 수십만에서 수백만 이상까지 어렵지 않게 나오는 것을 볼 수 있었다.

틱톡커의 영상 조회수

이 사례로 살펴보면 좌측 사진의 틱톡커는 그 당시에 팔로워가 3,489명을 보유한 나노 인플루언서 그룹에 해당하는 사람이었다. 그런데 영상 조회수는 무려 90만 회가 넘게 기록했다. 자신이 보유한 팔로워 수보다 무려 250배 이상이다. 우측 사진의 틱톡커는 더 결과가 좋았다. 당시에 팔로워가 4,103명이었는데 영상 조회수가 224만 건을 기록했다. 자신의 팔로워 수보다 무려 500배가 넘는 사람들에게 콘텐츠가 노출되었다.

'아! 이게 내가 이론이나 사례를 통해 알았던 틱톡 알고리즘의 특징이구나!'

팔로워의 규모보다 얼마나 좋은 콘텐츠를 만들어서 올리느냐에 따라서 결과에 중요한 영향을 미치는 채널이 바로 틱톡임을 눈으로 보는 순간이었다.

이렇듯 틱톡 알고리즘의 성공 요인은 숏폼이라는 짧은 길이의 영상을 기본으로 하되, 다른 채널과는 달리 사용자들이 원하는 콘텐츠를 추천하는 것에 집중한다는 것이다. 틱톡 알고리즘의 사용자 이용 패턴은 타 플랫폼에도 큰 영향을 미쳤다.

23

'팔로워 시대의 몰락'의 의미

 이제 '팔로워 시대의 몰락'이라는 말까지 나왔다. 인류의 역사부터 거슬러 올라가 인간의 본능에 대한 언급부터 현대 뇌과학자가 밝혀낸 거울 뉴런 같은 개념들, 지금의 팔로잉-팔로워 관계를 만들어낸 SNS 채널들의 진화와 그로 인해 파생된 문제점과 이를 해결하는 경험에서 깨닫게 된 사실들, 그리고 최근의 숏폼 콘텐츠와 틱톡 알고리즘까지, 시간의 흐름과 변화를 통해 이러한 과정을 설명했다.

나는 강의를 할 때마다 강의하는 모든 내용이 최신 트렌드이고, 최근의 사례들이지만 갑자기 튀어나온 것이 아니라 대부분 연결성이 있으니 트렌드의 변화에 관심을 가질 것을 강조한다.

SNS에서 팔로워 규모는 여전히 중요한 척도인데, 밑도 끝도 없이 팔로워의 규모가 중요한 시대는 끝났다고 이야기하는 것이 맞지 않다고 생각할 수 있다. 다만 기본적으로 사람들이 누군가를 왜 팔로우하는지에 대한 논리와 이러한 현상이 갑자기

SNS 때문에 생긴 것이 아닌, 잠깐 생겼다 없어지는 유행이 아니라는 사실부터 이해했으면 하는 바람이다.

우리는 팔로워나 구독자의 숫자로 영향력을 판가름하는 시대에 살고 있고, 결국 이 숫자가 특정인의 파워를 나타내는 것은 변하지 않은 사실이다. 그리고 이런 규모를 키워내는 것이 결국 궁극적인 목표이고 기준이 되기도 한다. 이를 부정하려는 것이 아니다. 다만 팔로워 숫자보다 본질에 집중하기를 바라는 마음이다.

유효한 팔로워들이 1,000명만 모여 있어도 꾸준히 좋은 콘텐츠만 만들어낸다면 반드시 공통 관심사에 추천으로 노출되고, 이러한 반복을 통해 성장하는 채널로 거듭날 수 있다. 브랜드에서도 채널을 바라보는 관점이 조금씩 변화되고 있는 것을 느낀다.

최근 러닝 분야에서 가장 중요한 제품인 러닝화 시장에서 전 세계적인 성공을 이끈 브랜드가 호카HOKA와 미팅을 하러 갔는데, 마케팅 담당자부터 러닝에 진심이었다. 당연히 해당 분야와 업무에 대한 이해도가 매우 높을 수밖에 없었다.

특히 우리와 인플루언서 마케팅을 할 때도 팔로워 수가 많고 채널의 규모가 큰 유명인보다는 평소에 러닝에 진심이고, 실제로 일상생활에서 달리기를 즐기는 사람인지를 중점으로 선정했다. 리뷰 역시 그냥 제품을 신거나 들고 인증하는 사진이나 영상이 아닌 호카를 직접 신고 달리는 영상을 중심으로 진행했다.

해외에서 성공했다고 국내에서도 무조건 성공하는 것은 절대 아니다. 호카가 국내에서도 성공할 수 있었던 것은 바로 마케터의 이런 이해도 때문일 것이다. 즉 무조건 팔로워 숫자에만 과신하는 것이 아니라 자신이 종사하고 있는 분야, 자신이 광고하는 제품이 속한 산업군, 그리고 광고 목적에 따라서 어떤 인플루언서와 일할지를 결정했다.

예를 들어, 제품을 출시할 때 인지도가 없는 상태에서 조금 빠른 성장을 원한다면 팔로워 규모가 큰 유명 크리에이터가 필요하겠지만, 동일한 조건에서 좀 더 탄탄하게 중장기적인 호흡으로 가는 전략이라면 팔로워 규모는 작더라도 해당 분야에 전문성 있는 인물들과 밀접하게 의사소통하는 것이 좋다.

마케팅이 아닌 인플루언서의 입장이나 채널을 운영하는 측면에서도 결국 팔로워의 규모를 통해 성장성이 측정되는 건 맞다. 하지만 틱톡의 알고리즘 변화에서도 이야기했지만 주변의 성공한 크리에이터와 채널의 사례를 보면, 그 근원에는 좋은 콘텐츠가 있어서 알고리즘 추천을 통해 사람들에게 노출이 되어서 가능했다.

자연스레 이 기간 급격한 성장모멘텀이 생겨났다. 평소에는 큰 변화가 없던 팔로워 성장이 특정 시점에 콘텐츠가 터지면서 동시에 많은 팔로워가 유입된다. 이렇게 새롭게 유입된 팔로워들이 다른 콘텐츠를 보기 위해 재방문을 하고 좋은 반응률을 보일 때, 또 다른 콘텐츠가 알고리즘에 걸리게 된다. 이렇게 반복되는 과정을 통해 새로운 사람들에게 채널이 꾸준하게 노출되면서 성장하는 것이다.

즉 일반적으로 많은 채널은 다음과 같은 성장 과정을 보인다.

채널의 목표는 팔로워 규모의 성장만이 아니라 사용자들이 반응할 만한 콘텐츠 생산이 우선시 되어야 한다. 다음의 그래프처럼 사람들에게 인정받는 콘텐츠가 쌓여가면서 특정 시점이 되면 알고리즘을 통해 노출량이 많아지게 되는데, 이 시기에 폭발적인 성장을 거둠으로써 팔로워의 규모도 덩달아 급성장한다.

이 시점이 수개월이 걸릴지, 몇 년이 걸릴지는 아무도 모른다. 지인 중에 1년 내내 채널 성장이 지지부진하다고 하더니, 1년이 지난 후부터 차곡차곡 쌓아온 전문성 있는 콘텐츠가 인정받기 시작하면서 2년 차로 접어들면서 큰 성과를 이루었다.

다행히도 SNS 채널들은 당신이 만들어내는 콘텐츠에 대해서 동일한 관심사에게 보여주기 위한 알고리즘을 계속해서 정교화

시간과 팔로워 증가 상관관계

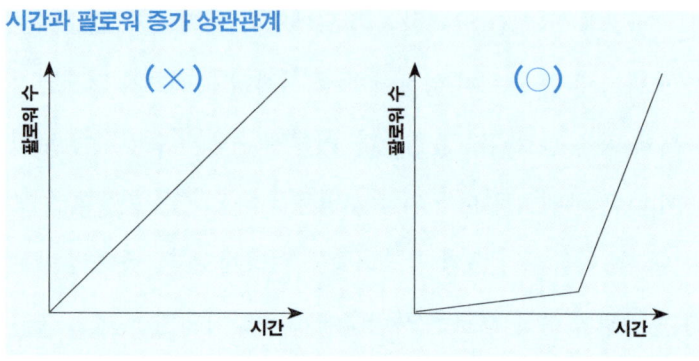

한다. 내가 가만히 있어도 콘텐츠를 올리기만 하면 플랫폼이 알아서 적합한 사용자에게 콘텐츠를 제공해주는 시스템을 계속해서 발전시켜주니, 얼마나 고마운 일인가. 과거에는 내가 직접 타겟팅하고 내가 찾아가야 했다면, 이제는 내가 콘텐츠만 잘 만들면 알고리즘이 알아서 적합한 타겟을 가져다주는 세상이다.

결국 '팔로워 시대의 몰락'이라는 의미는 팔로워의 숫자가 전혀 의미 없다는 말이 아니라 효과가 팔로워 수와 부응하지 않다는 말이다. 따라서 광고를 집행하는 마케터의 입장에서도, 인플루언서로서도, SNS 채널을 운영하는 개인 입장에서도 모든 가치 판단의 기준을 팔로워의 규모가 아닌 좋은 콘텐츠를 생산하고, 팔로워들의 관계를 잘 관리하는 데 집중해야 한다.

24

팔로워 규모가 작아도
기회는 많다

 1:1 마케팅(원투원)이라는 용어를 들어봤을 것이다. 이는 디지털상에서만 해당되는 말이 아니라 오프라인 매장에서 물건을 팔든, 직접 방문 판매로 팔든 매장의 매니저나 영업사원들이 개별 고객에 대한 특징과 관심사 등을 다 메모하고 기록해 그에 맞게끔 맞춤형 응대를 하는 마케팅이다.

하지만 개인의 역량에 의존하던 많은 관리 방법이 디지털 시대로 넘어오면서 데이터화가 가능해졌다. 데이터에 의거해서 사람이 의사결정을 하던 것을 이제는 AI가 학습하고 분석하면서, 더 정확하고 개인화된 정보를 제공할 수 있게 되었다. 즉 시간적으로 양적으로 범위가 엄청나게 확장되었고, 앞으로는 더욱 더 정교해지고 계속해서 발전할 것이다.

원래 1:1 맞춤 관리 방식은 브랜드나 기업의 관점에서 주로 물건이나 서비스를 팔기 위한 고객관리와 관련되었다. 이커머스를 대표하는 플랫폼인 쿠팡만 들어가 봐도 알 수 있다. 고객들이 쿠팡에 접속하면, 가장 먼저 많이 보는 첫 화면에 각 개인이 관심을 갖는 상품들이 먼저 보인다. 개인에게 맞춤형 제안이 얼마나 중요한지를 알 수 있는 대목이다. '이 상품 놓치지 마세요', '자주 산 상품', '최근 찾던 상품의 연관 상품', '좋아할 만한 카테고리 상품' 등 첫 화면에 있는 많은 메뉴가 개인화된 맞춤형으로 구성되어 있다. 즉 쿠팡은 동일한 플랫폼이지만, 누가 들어가느냐에 따라 첫 화면에 보여지는 상품들이 다르다.

네이버 쇼핑에서도 최근에 가장 변화하고자 하는 것이 AI 기능을 통해 개인의 소비 패턴을 분석해 개인마다 다른 상품을 제안하는 메뉴다. 네이버는 아예 메뉴명도 'For you'라고 불렀다.

이렇게 모든 플랫폼에서는 초개인화된 추천과 제안에 진심이다. 원래 이런 시스템들이 없었던 것은 아니지만 AI 기술 발전과 더불어 더 정확하고 진화되었다. 보다 정교하게, 보다 상세히 각 소비자의 행동과 취향을 분석하고 세분화해 더욱더 정확도가 높은 개인화된 콘텐츠를 제공하고 있다.

이러한 진화는 쇼핑 분야만이 아니라 우리가 이용하는 모든 플랫폼에서 이루어지고 있다. 틱톡 알고리즘의 성공에서 보듯이 상품이 아닌 콘텐츠에서도 For you에 대한 추천 시스템이 이용자들에게 잘 맞아떨어졌다. 그만큼 다른 SNS와 콘텐츠 플랫폼에서도 역시 For you를 위한 콘텐츠 제공에 더욱 심혈을 기울일 수밖에 없다.

결국 소셜 플랫폼에서 개개인에 맞춤형 콘텐츠에 대한 추천 알고리즘이 더욱 강화될수록 팔로워 수와 상관없이 콘텐츠에 전문성이나 진정성만 잘 받쳐준다면, 그에 맞는 대상에게 더 많이 도달할 수 있는 시대다.

삼성전자의 갤럭시 워치를 마케팅한 사례를 보면, 해당 디바이스를 사용할 수 있는 다양한 직업군과 생활패턴을 가진 인물들이 등장한다. 싸이클, 요가, 클라이밍 등 다양한 분야의 전문가들이 자신들이 즐기는 스포츠 활동 속에서 갤럭시를 사용하는 모습을 보여준다.

이러한 인물 중에 당시 인스타그램 팔로워가 약 700명 정도(물론 유튜브 채널은 4만 명 정도의 구독자 보유) 규모의 채널을 가지고 있는, 스쿠버다이빙을 하며 해녀로 생활하는 두 명의 MZ세대가 등장한다. 불과 몇 년 전만 해도 상상 못할 일이다. 아무리 광고의 일부라고 해도 대기업에서 팔로워 수가 1,000명도 채 안 되는 사람에게 협찬 광고를 제안하는 일은 없었다.

하지만 이제는 팔로워 규모가 작은 사람들에게도 진정성을 가지고 계정을 운영한다면, 얼마든지 유명 브랜드와 협업할 기회가 많아진다는 것을 의미한다.

이와 동시에 탄탄한 품질과 지속성을 갖춘 콘텐츠를 생산하지 못한다면, 아무리 팔로워 규모가 커도 진정성을 가지고 꾸준히 채널을 운영하는 작은 규모의 팔로워를 가진 사람들에게 팔로워를 뺏길 수 있다. 큰 규모의 팔로워를 가졌어도 지속적으로 좋은 품질의 콘텐츠를 게재하지 않는 사람들에게는 불리할 것이고, 반대로 팔로워의 규모는 미약해도 지속성을 가진 성실한 사람들에게는 기회가 점점 더 많이 열릴 것이다.

자신이 구독하고 있는 채널 중에 팔로워나 구독자 수가 수십만 명인데도 영상이나 게시물 조회수가 턱없이 안 나오는 사례들을 많이 볼 것이다. 반대로 팔로워와 구독자 보유수가 많지 않은 것에 비해서 게시물이나 영상을 올릴 때마다 반응률이 상당히 높은 채널들도 쉽게 볼 수 있다. 잘 만들어진 콘텐츠가 적정한 대상에게 잘 도달되어, 새로운 노출과 팔로워 유입에 대한 기회를 계속해서 가지기 때문이다.

숏폼의 장점처럼 짧은 영상 콘텐츠가 크리에이터에게 새로운 사람들과 접근할 수 있는 허들을 드라마틱하게 낮춰준 것도 작은 팔로워 규모의 사람들에게 큰 기회를 제공한다.

이전 유튜브의 경우 짧게는 10분에서 길게는 20분까지 영상을 보고 나서야 이 사람에 대한 신뢰나 구독 여부를 결정하게 했다면, 이제는 불과 1분도 안 되는 짧은 콘텐츠 몇 개만을 보고도 해당 채널의 팔로워가 될지를 결정할 수 있다.

콜랩아시아의 분석 자료에 따르면, 크리에이터 중에 신규 구독자 중 거의 80퍼센트 이상이 숏폼 콘텐츠를 통해서 채널로 유입되었다고 한다. 이는 팔로워 규모가 작아 짧은 길이의 영상을 자주 만들어서 올리면 그만큼 타겟 관심사에 노출되어서 채널을 키울 수 있는 가능성도 매우 높아졌다는 의미다.

여기에 AI 성장과 함께 이 맞춤형 콘텐츠의 질적 향상도 이루어져 더욱 정확한 추천이 가능했다. 이를 통해 보다 정확하게

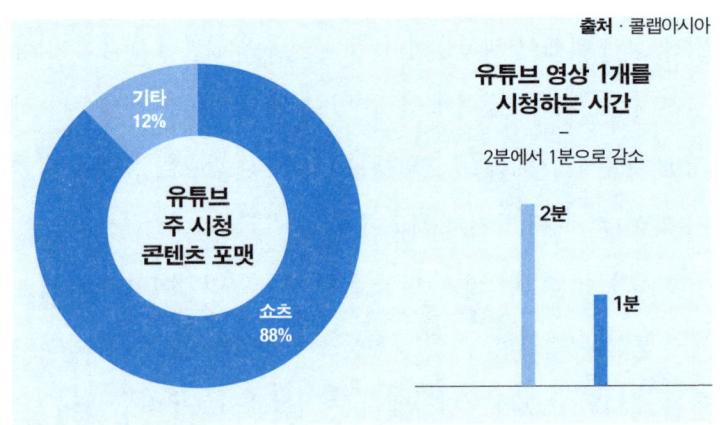

타겟에 도달 가능하기 때문에 새롭게 콘텐츠를 접한 사람들이 팔로워로 전환되는 비율도 그만큼 높아진다.

오히려 플랫폼 이용자들이 추천 기능에 너무 익숙해져서 알고리즘이 자신의 관심사가 아니거나 별로 원하지 않는 인물이나 콘텐츠가 뜰 경우 그런 추천을 더 이상 안 받도록 조치할 수 있다. 그로 인해 SNS에 학습된 사람들이 반대로 알고리즘을 자신에게 더 알맞게 만든다.

기존에는 그저 유명하거나 조회수가 높았던 대중적인 관심의 콘텐츠들이 추천에 떴었다. 즉 팔로워의 규모가 큰 사람들이 올린 콘텐츠들이 관심을 많이 받고 다른 사람에게 노출될 확률이 컸지만, 이제는 아무리 셀럽이나 인플루언서더라도 각 개인이 본인과 맞지 않거나 상관없는 콘텐츠가 보일 경우 그것들을 추천받지 않는 행동을 취해 더 명확하게 자신의 관심사의 콘텐츠만 골라서 추천받는 패턴으로 변화되었다.

이런 인간의 반대되는 행동패턴(원하지 않는 콘텐츠는 추천을 받지 않게 하는 설정)은 자기가 찾고 싶은 정보가 있을 때는 일부러 관련 정보를 검색해 나를 해당 정보의 관심사 타겟으로 만들어서 좋은 추천이 나오게 한다는 것이다. 즉 보기 싫은 콘텐츠는 더 이상 받지 않지만, 보고 싶은 정보는 더 강화하는 행동이다.

예를 들어, 어떤 사람이 특정 기능의 제품이 필요해서 일부러 해당 제품을 지속적으로 검색하고 해당 제품과 관련된 영상들을 반복해서 보면, 알고리즘은 나의 이런 행동 패턴을 분석한다. 그리고 그와 연관된 좋은 추천을 지속할 수 있도록 해준다.

꼭 제품을 구매할 때만이 아니라 콘텐츠를 볼 때도 마찬가지다. 특정 분야를 알고 싶거나 배우고 싶을 때가 있을 때, 이런 행동을 통해 내게 알맞은 추천이 뜨게끔 알고리즘을 만들어 정보를 모은다.

이런 사례를 수없이 많이 봐왔다. 일반적으로 러닝으로 유명한 사람도 있지만, 트레일 러닝이라는 조금 더 세분화된 러닝에 진심인 사람들이 팔로워의 규모가 거대하지 않지만 팔로워들의 강한 팬덤과 신뢰도를 가지고 활동하는 모습들, 방 정리와 집 청소와 관련된 전문성을 가진 사람들 등.

사람들의 관심사가 다양해짐에 따라 더 똑똑해진 알고리즘은 관심사에 맞는 콘텐츠를 제공하는 사람들을 찾아내고, 이것을 원하는 대상에게 노출시킬 수 있게 했다. 결국 팔로워의 규모와 상관없이 자신의 분야에서 진정성을 가진 사람들이 점점 더 인정받는다. 기업이나 브랜드에서도 이런 사람들의 중요성을 무엇보다 인식하는 추세다.

25

**제품 구매는
팔로워 수와 무관**

 인플루언서 마케팅 1세대로서 여전히 현업에서 많은 브랜드와 협업하면서 젊은 직원들이나 미디어 또는 매체를 통해서 최근 유행하는 콘텐츠와 이슈를 많이 접하고 배운다.

최근 캐릿에서 조사한 자료 중 '인플루언서 마케팅 호불호'에 대한 보고서가 주목할 만하다. 설문 내용 중에 '인플루언서의 팔로워 수가 몇 명 이상 되어야 제품을 믿고 구매하느냐'는 질

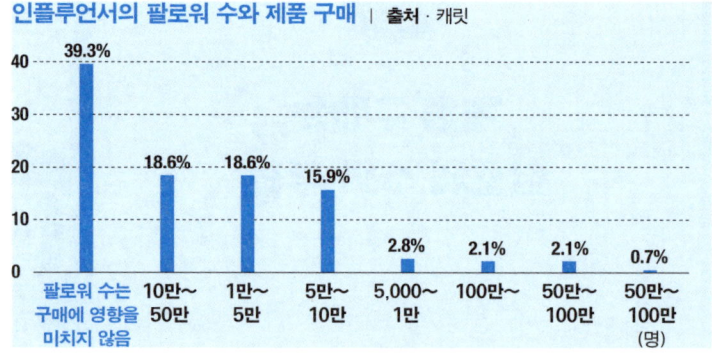

문이 있었다. 그런데 가장 큰 응답자인 39.3퍼센트가 팔로워 수가 구매에 영향을 주지 않는다고 답했다. 물론 팔로워 수로 영향을 받는 구매자도 있었지만, 상당수는 받지 않았다.

조사 결과에 따르면 인플루언서 마케팅을 할 때 중요하게 생각해야 하는 것은 해당 인물이 우리 브랜드와 제품과 얼마나 잘 맞는 인물인지를 먼저 고려해야 하고, 그 인물 자체가 팔로워와 구독자들에게 얼마나 좋은 호감을 받고 있는지를 판단해야 한다. 혹은 그 인물이 우리 브랜드가 속한 산업군에 얼마나 전문성을 갖고 있는지도 큰 영향을 미칠 수 있다.

예를 들어, 스킨케어 분야라면 피부과 의사들의 유튜브 채널과 콘텐츠가 고객들에게 더 다가갈 수 있고, 패션 분야라면 스타일리스트 출신이 더 유리할 것이다. 이런 직업적인 전문성을 가진 인물이라면 팔로워 규모와 별개로 구매 결정에 더 큰 영향을 미칠 것이다. 혹은 알고리즘에 잘 걸리는 콘텐츠 중 올리브영 직원이 추천하는 가성비템, 무신사 직원의 출근룩 같은 것들도 해당 분야의 전문성 있는 인물이기 때문에 소비자에 영향을 준다.

이런 전문성을 갖추지 못했더라도 제품 후기를 얼마나 진정성 있게 만드는지도 큰 영향을 미친다. 예를 들어, 달리기 선수가 아니어도 평소에 러닝을 즐기는 사람이 러닝화 광고를 한다면 진정성이 통할 것이다. 따라서 자신이 평소에 사용하던 제품을 광고하는 경우가 가장 성공할 확률이 높다. 즉 팔로워도 이 사람이 광고를 받아서 추천하는 것이 아니라 원래부터 좋아서 잘 사용하던 제품임을 알고 있기 때문에 여기에 진정성이 더해진다.

반대로 평소에 사용하던 흔적이 거의 없었는데, 갑자기 광고를 받아 새롭게 등장하는 제품이라면 그만큼 광고 효과는 낮을 것이다. 공동구매를 잘 이끌어내는 인플루언서는 광고 제안을 받으면 처음부터 제품을 드러내지 않고 자연스럽게 자신이 직접 사용하는 모습을 지속적으로 구독자들에게 보여주고 충분히 인지되고 난 이후에 제품을 광고한다.

그래서 이들은 본인의 얼굴과 이름을 내걸고 제품을 판매하는 것인 만큼 자신이 직접 경험해보고 좋은 제품이 아니면 판매하지 않는 경우가 많아서 몇 개월간 본인이 직접 경험해보고 나서 원하는 효과를 봐야 광고를 수락하는 경우도 많다.

이렇듯 제품 구매와 연결된 인플루언서 마케팅도 그들의 팔로워 규모보다는 인물 자체를 분석한 후 선정해 그들이 올리는 콘텐츠의 진정성에 승부를 건다면, 그만큼 광고 효과도 크게 나타난다.

26

생성형 AI 시대에 더욱 중요해지는 것

 최근 구글에서 생성형 AI에 관한 발표가 있었다. 생성형 AI를 활용한 다양한 주제 중에서 전 세계의 검색 시장을 휘어잡고 있는 구글이기에 인공지능을 검색에 어떻게 반영하는지에 대한 내용을 특히 관심 있게 보았다.

사실 검색 분야에서 생성형 AI를 활용한 챗GPT가 전 세계적으로 엄청난 속도로 성장하고 있어서 구글은 위기 상황이다. 이미 검색 시장의 많은 이용자를 뺏겼다. 우리도 기존에는 네이버나 구글을 통해 검색했던 내용들을 이제는 챗GPT를 통해 검색하고 있으며, 챗GPT를 통한 검색과 문제해결의 사용 빈도수가 정말 빠른 속도로 늘어나고 있음을 쉽게 알 수 있다. 구글 대부분의 수익은 광고에서 나오며, 광고는 결국 검색 시장을 쥐고 있어서 가능했다. 그런데 이 분야를 다른 플랫폼에 뺏긴다면 그야말로 엄청난 위기다.

구글이 발표한 내용에 따르면 구글 검색 결과를 기본적으로 생성형 AI의 도움을 받을 수 있게 바뀐다는 것이다. 구글이 가진 생성형 AI인 제미나이 Gemini가 구글 검색에 연동되어서 별도의 생성형 AI를 사용하지 않고 구글에

구글 IO 2025 키노트

검색만 하면 자연스럽게 같이 AI의 도움을 받을 수 있도록 만든 것이다. AI 모드를 통해서 이용자들은 AI가 추론한 질 높은 답변을 받을 수 있다. 이 내용 말고도 생성형 AI를 통한 영상 제작 등 변화되는 내용들이 많다.

검색 결과를 AI를 통해서 받는 시대가 되었다. 이제 마케터의 목표는 잠재고객들이 생성형 AI에게 질문을 했을 때 내 제품과 서비스에 대한 정보 노출이 잘되고 있느냐다. 예를 들어, 네이버에서 특정 키워드를 검색했을 때 우리 브랜드가 나올 수 있는 S.E.O Search Engine Optimization (검색엔진 최적화) 마케팅을 했던 것처럼, 이제는 AI에게 물었을 때 그들의 추천과 답변에 우리 제품과 서비스가 소개되어야 하는 A.R.O A.I. Recommendation Optimization (AI 추천 최적화), 혹은 A.S.O A.I. Search Optimization (AI 검색 최적화)를 해내야 한다.

이는 분명 이전보다 좀 더 복잡하고 어려운 문제다. 네이버나

유튜브 등 채널의 검색 최적화 마케팅을 하려면, 그때그때 필요한 상황에서만 블로그나 유튜브 채널을 통해 콘텐츠를 만들어내면 특정 키워드에 브랜드를 노출시킬 수 있었다. 하지만 생성형 AI의 답변은 그렇게 단발성 작업으로는 쉽지 않기 때문이다.

갑자기 생성형 AI의 마케팅 방법을 왜 이야기하는 것일까? 이것 또한 모두 이 책의 주제와 연결되어있기 때문이다. 챗GPT나 제미나이 사용자의 질문과 요청에 답변한다는 것은 AI가 디지털상에서 무엇인가를 학습한 결과다. 즉 AI가 엄청난 속도를 가지고 웹과 모바일들을 통해 그들이 접근할 수 있는 모든 채널과 사이트에 있는 데이터를 학습하고 결과를 추론해 사용자에 맞는 답변을 내주는 것이다.

그러면 이 과정에서 AI가 어떤 채널을 주로 학습하는지를 분석한다면 마케팅에서 유리하게 적용시킬 수 있다. 생성형 AI가 답변을 위해서 학습하는 채널은 '전문성'에 근거를 둔다. 즉 그냥 단순히 방문자가 많고, 구독자나 팔로워가 많은 채널보다는 사용자가 물어보는 주제에 대해 전문성을 가진 채널에서 학습한 내용들을 주요 출처로 한다.

예를 들어, AI에게 특정 피부 고민을 해결해줄 수 있는 브랜드를 추천해달라고 물어보았다고 가정해보자. 생성형 AI는 일반적으로 유명하고 단순히 높은 구독자를 가진 인플루언서의 결과를 학습하는 것이 아니라, 해당 주제와 관련된 논의와 글들이 많이 있는 뷰티 전문 플랫폼에 있는 정보들을 분석한다. 또는 해당 피부 고민에 대한 콘텐츠를 많이 다루어서 해당 분야에 전문성이 있다고 판단되는 크리에이터의 콘텐츠를 학습한다.

이는 이전과 무슨 차이일까? 위에 언급한 특정 피부 고민을 해결해줄 수 있는 브랜드가 네이버 블로그 광고를 한다고 했을 때, 기존에는 방문자 수가 높고 채널 운영을 잘하는 블로거에게 단발성으로 광고를 진행해도 해당 포스팅이 키워드에 상위 노출되어 타겟 고객들이 쉽게 볼 수가 있었다. 그런데 생성형 AI를 통한 검색에서는 이런 일반적 대상이나 단발적 배포로는 소비자들에게 다가가기 힘들어졌다.

즉 생성형 AI가 전문성을 기반으로 하는 채널들을 주로 학습하기 때문에 블로그 채널 하나만 분석하는 것이 아니다. 블로그도 당연히 분석하지만, 일반적으로 방문자 수가 높아서 상위에 보이는 블로그가 아닌 해당 피부 고민에 대한 전문성이 있는 채널을 분석한다.

의류 브랜드 무신사 스탠다드 매장의 경우, 무신사는 디지털에서 가지고 있는 강한 지배력을 오프라인으로도 확장하고 있다. 어쩌면 직접 눈으로 보고 입어 보는 경험이 패션 분야에서 당연하고 중요한 수순이기도 하다.

서울의 주요 거점을 중심으로 대전, 대구, 부산 등 지방의 주요 도시에서도 매장을 열었다. 워낙 인지도가 높은 브랜드여서 일단 오픈만 해도 당연히 성공할 수 있는 기반이 갖춰져 있겠지만, 각 지역에서 매장을 열 때마다 해당 지역을 전문적으로 잘 다루는 인스타그램을 활용했다. 즉 대전이나 대구, 부산과 같은 특정 지역에 있는 핫플레이스와 놀거리, 먹거리 등을 다루는 채널들에서 매장의 오픈 소식이 올라왔고, 비록 유명 잡지나 채널은 아니지만 오히려 다른 미디어보다 해당 지역에 대한 전문성을 지니고 있어서 그 지역 사람들에게 알리는 데에 더 유리했다.

다른 미디어보다 해당 지역에 더 전문성을 가지고 있어서 팔로워 규모는 크지 않아도 최소한 팔로워의 구성원들은 해당 지역에 거주하는 실제 유효 대상 비중이 매우 높을 것이다. 그래서 대상 고객에게 매장을 열었다는 소식이 잘 전달되었다. 또한 이런 즉각적인 결과 말고도 차후 생성형 AI가 해당 지역에 대해 질문을 받으면 학습하는 출처의 근거자료가 되어서 무신사 스탠다드는 해당 지역을 방문하는 관광객이나 사람들에게 잘 소개가 된다.

앞서 언급했던 특정 피부 고민에 대한 추천 결과를 챗GPT에게 물었더니, 자신의 출처는 피부 관련 논문을 근거로 해서 한국 피부과 전문의 유튜브 채널, 뷰티 전문 커뮤니티, 올리브영이나 네이버 쇼핑 등의 소비자 리뷰 데이터 그리고 뷰티 분야 트렌드 리포트 등을 학습했다고 했다. 이렇듯 생성형 AI가 내놓은 답변 결과에는 전문성을 가진 채널의 학습 결과가 주로 영향을 미친다.

따라서 마케터로서 콘텐츠 배포에 집중할 것은 반드시 팔로워 수가 많은 유명한 대상이 아니라 팔로워(방문자, 사이트 규모 등) 수가 적더라도 우리 제품이 해결해줄 수 있는 특정 주제에 대해서 오랜 기간 꾸준히 다루고 있는 전문성이 있는 채널들이 마케팅의 대상이 되어야 한다는 것이다.

이와 같이 검색의 관점에서 '브랜드나 제품을 추천해달라'는 접근이 있을 수 있고, 반대로 브랜드가 인지된 상태에서 우리 브랜드에 대해서 더 잘 알고 싶은 사람이 생성형 AI에게 "이 브랜드는 어떤 브랜드야?"라고 물어볼 것이다. 챗GPT에게서 피부 고민에 대한 해결 방법으로 '라로슈포제'라는 브랜드의 제품을 추천받았다고 가정하자. 그러면 "라로슈포제는 어떤 브랜드야?"라고 물어볼 것이다. 그랬더니 챗GPT는 회사의 홈페이지와 관련 사이트 그리고 전문인들과 전문 채널들의 글들을 학습의 출처로 가져왔다.

즉 AI가 당신의 제품과 브랜드를 검색할 때는 해당 브랜드의 홈페이지, 해당 분야의 전문성을 가진 미디어나 사이트의 글들을 학습하는 것이다. 즉 블로그와 같은 개인 콘텐츠도 분석하지만 그것보다는 기업이 직접 공식 페이지에 올려놓은 내용들 혹은 전문 매체의 글들이 조금 더 정확하고 전문성이 있다고 판단한다. 이런 상황에서 SNS 마케팅과 홈페이지 강화나 전문 매체사에 대한 마케팅이 조금 더 중요해질 수 있다.

AI의 학습 방법이 마치 수학공식 같은 법칙이 아닐지라도 실제로 생성형 AI를 통해서 많은 검색을 해보고 그에 대한 답변의 출처를 분석해보면, 이처럼 전문성을 위주로 하고 있다는 것을 확인할 수 있다. 생성형 AI 시대에 인공지능을 잘 학습시켜서 우리 기업에 유익한 결과를 이끌어내려면, 외형적인 규모가 아닌 해당 제품과 서비스가 속한 분야에 대해 전문성을 가진 인물 및 채널과 하는 마케팅이 더욱 중요하다.

또한 브랜드 외부에 있는 유명인들과의 협업에만 집중할 것이 아니라 자체 채널에 대한 꾸준한 관리와 노력에도 힘을 싣는 것이 무엇보다 중요하다.

5장

그래도
변하지 않는 진실

27

**변하지 않는 것이
더 중요한 이유**

 CEO 모임을 통해 만났던 지인들과 수년째 독서 모임을 하는 중인데, 그 중 모건 하우절 Morgan Housel 의 《불변의 법칙》은 생각의 전환점을 준 책이었다. 마케팅은 그 어떤 분야보다 가장 빠르게 발전하고 새로운 것을 받아들이고 개발되어야 하는 속도전이기 때문에 언제나 '변화'에 집중할 수밖에 없다. 나 역시 강의 주제가 '마케팅 트렌드'에 관한 것이 대부분이어서 그 만큼 변화에 민감하다. 우리가 쓰는 디지털 채널과 소셜 플랫폼에 어떤 변화가 있는지, 어떤 콘텐츠가 성공 사례인지 등 그야말로 최근 소식들을 업계에 알려준다.

그런 내게 이 책은 '변하지 않는 것들'에 대한 주제를 던져 신선한 충격을 주었고, 그동안 깨닫지 못했던 큰 진리를 얻었다. 오랜 기간 트렌드와 변화를 가르치며 그 부분을 강조했었는데, 그 이면에는 변하지 않는 공통된 원리가 늘 작용하고 있었다.

물론 이런 생각이 어딘가에 자리하고 있었지만 이것이 중요한 개념으로 대두되지 못했었다.

팔로잉-팔로워의 관계가 디지털 세상이 출현하며 갑자기 생겨난 일시적인 트렌드나 변화가 아니고 인류 역사의 시작과 함께였다고 말했던 것처럼, 결국 '변하지 않는 사실', 즉 팔로잉-팔로워는 오랜 기간 변하지 않는 관계였다는 의미와 통한다.

다만 이 '변하지 않는 사실'이 인간 사회의 변화와 진화에 맞게 다르게 표현되기 때문에 우리는 이것을 느끼지 못할 뿐이다. 즉 원시시대에 생존을 위해 누군가를 따르거나 인류가 정서적 유대감을 가지고 관계를 형성하는 일이 지금은 SNS 상의 팔로잉과 팔로워 관계로 다르게 보이는 것일 뿐, 그 근본에 작용하는 원리는 변하지 않는 사실이다.

아마존Amazon의 CEO 제프 베조스Jeff Bezos가 가장 많이 받는 질문이 있다.

"앞으로 어떻게 변할 것 같나요?"

미래 예측에 관한 질문을 주로 받는데, 이럴 때마다 그는 이렇게 답한다.

"앞으로 변하는 것을 예측하는 것보다 앞으로도 변하지 않을 것에 집중하세요. 아마존 입장에서 볼 때 고객이 가격이 저렴한 상품을 찾으려고 하는 사실, 그리고 구매한 제품을 빠르게 받아 보고 싶다는 사실. 이 두 가지는 시대가 변해도 변하지 않을 겁니다. 우리는 이 두 가지에 집중했습니다."

맞는 말이다. 미래가 된다고 해서 고객들이 비싸게 사길 원하거나 구매한 제품을 천천히 받아도 된다는 분위기로 변할까? 절대 그렇지 않을 것이다. 고객 만족을 넘어서 고객 집착Customer Obsession을 주장했던 제프 베조스다운 통찰이다.

우리는 아무도 미래를 예측하지 못한다. 우리의 예측은 그런 미래가 올 것이라고 보장하는 것이 아니라 그저 지금까지의 경험과 변화를 통해 얻은 추측이지, 정답은 아니다. 앞으로 어떤 플랫폼이 성공하고 새롭게 나올지 아무도 모른다. 고객들이 어떤 인플루언서를 선호하고, 어떤 콘텐츠에 열광할지 그 누가 알까.

더욱 중요한 것은 이렇게 예측하지 못하는 많은 사실이 고정되어 있지 않고 계속해서 변할 것이기에 더더욱 미래를 예측하기란 어렵다. 게다가 우리는 인류 역사상 가장 빠른 변화의 속도를 가진 시대에 살고 있지 않은가. 그래서 변화의 예측보다는 변하지 않을 원리들을 깨달음으로써 어떤 변화 속에서도 대처할 수 있어야 한다.

앞에서 이런저런 변화들에 주목하자고 했다면, 이제는 변화에 주목하면서 변화하지 않는 것들에 집중해야 한다. 우리가 사는 세상에 '변하지 않는 원리'를 깨닫고, 그 원리를 지금 변화에 맞는 방식으로 승화시키는 것이다. 변화에만 매몰되어서 근본을 담지 못한다거나, 반대로 변화를 모르고 예전 방식만 고집하는 것은 모두 편향된 방식이다.

물론 변하지 않는 것에 집중하면서 변화도 알아야 한다는 것이 모순된다고 생각할 수 있다. 우리가 너무 변화라는 관점에 매몰되어서 변하지 않는 원리를 간과함으로써 발생할 수 있는 많은 실수와 오류를 줄여야 한다는 것을 강조하기 위함이다. 변화하는 트렌드는 인지하고 고려하되, 그 이면에 변하지 않는 사실들이 밑바탕에 깔려야 한다.

이 관점을 디지털 마케팅 분야에 적용해보자면 이렇다.

브랜드 입장에서 타겟 고객들이 많이 이용하는 채널은 계속해서 변화한다. 예를 들어, 10년 전에 우리가 브랜드나 관련 정보를 주로 찾던 곳이 바로 네이버 지식인이나 다음 카페 같은 채널들이었다. 하지만 지금은 어떤가. 네이버에서는 지식인이 아닌 블로그 검색을 주로 하고, 카페도 다음 카페보다는 네이버 카페를 더 많이 활용한다. SNS 플랫폼도 마찬가지다. 이전에는 페이스북을 많이 썼다면, 지금은 인스타그램이 주요 채널이다. 이렇듯 사람들이 모여들고 자주 사용하는 주요 채널들은 계속해서 변화한다. 마케팅 타겟 채널도 함께 변화할 수밖에 없다.

그렇다면 마케팅 관점에서 변하지 않는 사실은 무엇일까? 채널은 변화하더라도 그 안에서 타겟 사용자를 찾아가야 한다는 사실은 변하지 않는다. 이전처럼 네이버 지식인의 의존도나 블로그의 이용률이 높은 고객들이 정보를 찾았을 때 브랜드를 노출시키는 방법을 알아야 한다는 것은 변하지 않는다.

검색 채널에 브랜드를 검색했을 때 결과 상위에 브랜드를 노출시킬 수도 있고, 또한 브랜드의 정체성과 비슷한 사람들이 운영하는 채널을 선택함으로써도 브랜드를 노출시킬 수 있다. 유튜브 채널이 활성화되면서 같이 나오는 개념들이 유튜브 SEO_{Search Engine Optimization}(검색엔진 최적화) 아니겠는가? 사람들이 유튜브를 많이 쓰면 그만큼 마케팅 채널로서 해당 채널을 써야 하고, 그러면 유튜브에서 검색하는 사람들에게 우리 브랜드 정보가 적절하게 나와야 하는 것도 같은 맥락이다.

여기서 변하는 사실은 '유튜브'라는 새로운 채널이 등장했다는 것이고, 변하지 않는 사실은 'SEO=검색엔진 최적화'라는 것이다. 즉 새로운 채널이 언제든지 생겨나서 사람들이 이동을 하더라도 마케팅은 검색 최적화에 집중해야 한다. 이것이 변하지 않는 사실이다.

이제부터 인플루언서 마케팅을 포함하는 SNS 마케팅이 빠르게 진화하고 변화하는 과정에서 잘못된 관점들을 고찰하고, 우리가 기준을 잡아야 할 변하지 않는 요소들에 대해서 언급해보고자 한다.

28

규모보다는 라포르

'라포르Rapport'는 상대방과 형성하는 매우 가까운 관계를 의미하는 심리학 용어다. 시대가 변해도 변하지 않는 것에 대해 우리가 알아야 할 첫 번째 사실은 관계의 중요성이다.

메가 크리에이터의 초장기는 어땠을까. 연예인이나 셀럽처럼 애초부터 유명한 사람이 만든 디지털 채널이 아니라면 대부분은 무명의 상태에서 팔로워 없이 시작했다. 성공한 수많은 크리에이터는 이런 상태에서 적은 수의 팔로워들과 강력한 소통 관계를 맺으며 발전해 나갔다.

우리가 알 만한 대중적인 유튜버나 크리에이터 중 상당수가 활동 초반에 소통 관계를 굉장히 중요하게 여겼다는 말을 자주 듣는다. 그들은 게시글에 달린 댓글에 모두 답변해주거나 댓글을 달아준 사람의 채널로 가서 맞댓글을 달아주는 단순한 차원을 넘어서 그야말로 일대일 관계 소통으로 팔로워들에게 최선을 다했다.

예를 들어, 어느 뷰티 유튜버의 경우 무명 시절에 각각에 맞는 맞춤형 메이크업을 알려주거나 어느 자기계발 유튜버는 초창기 시절에 구독자 개별 상황에 맞게 컨설팅을 해주는 등 팔로워 규모가 작을 때만 가능한 양방향의 의사소통을 실행했다. 영혼 없이 좋아요만 주고받는 것이 아니라 진심을 다하는 소통 방식이었다.

이런 개인 관계는 결국 팔로워들과의 강력한 라포르를 형성하게 된다. 강력한 라포르는 결국 일종의 충성도를 만들어내는데, 이 충성도가 군집화된 것이 팬덤이다. 어쩌면 방탄소년단이 세계적인 스타가 된 것에는 팔로워 즉, 팬들과의 강력한 라포르가 형성되었기 때문일 것이다. 팬클럽 '아미'라는 팬덤은 그야말로 엄청난 충성도를 가지고 있다.

내 주변에도 아미가 꽤 많은데 일반적인 팬들이 아이돌을 좋아하는 것을 넘어 다른 수준의 열정과 신뢰가 있으며, 그 범위가 매우 넓다. 아이돌이나 유명 가수가 팬과 직접 소통하고 그들의 이야기에 반응해주는 문화가 없었던 시절부터 방탄소년단은 자신들을 아껴주는 팬들과 지속적으로 소통했다.

물론 방탄소년단이라는 세계적인 스타에만 국한되는 이야기가 아니다. 개인이나 지금 성장하고 있는 인플루언서에게 혹은 기업이나 브랜드와 같은 집단에게도 모두 해당되는 이야기다. 단순히 멋지고 예쁘게 보이는 것도, 특정 분야에 대한 전문성을 갖추는 것도 모두 좋다. 다만 그것만으로는 안 되고, 이런 근거를 통해서 관계가 형성되는 팔로워들과 신뢰도와 친밀감을 쌓아가는 것이 반드시 필요하다.

라포르는 다음 두 가지로 정의할 수 있다.

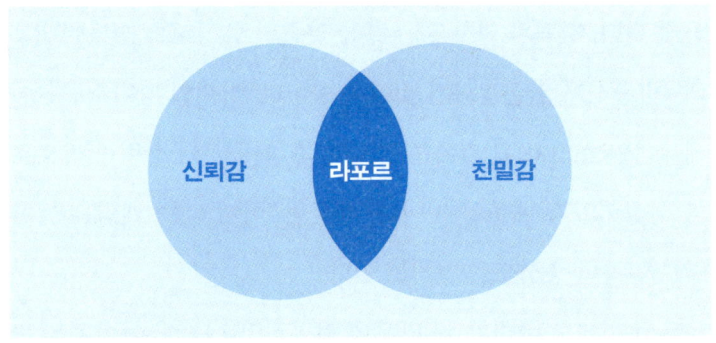

한 사람에 대해 신뢰도가 먼저 생기면 해당 채널을 방문하거나 콘텐츠를 보는 횟수가 자연스럽게 증가한다. 이렇게 늘어나는 빈도수만큼 친밀감도 형성된다. 반대로 정서적 유대감이 생겨서 자주 보게 되면 신뢰감이 이후에 생길 수도 있다. 두 가지 모두 결국 라포르를 기반한다.

  우리가 TV로 자주 보던 사람이 일상에서 만나면 원래부터 아는 사람 같은 기분이 드는 것은 라포르처럼 친밀감이 형성되었기 때문이다. 평소에 SNS를 통해서 보던 사람 역시 실제로 만나면 내가 원래 알고 지낸 사이처럼 느껴진다.

  팔로워들은 이 라포르를 통해 해당 인물의 콘텐츠에 자주 반응한다. 결국 이렇게 좋은 반응을 받는 콘텐츠는 알고리즘을 타게 되고, 또 다른 유사 관심사에게 노출되어 새로운 팬이 유입된다. 이런 과정을 통해 거대 규모의 팔로워를 보유하는 사람이나 채널로 성장하게 된다. 메가 인플루언서는 바로 이러한 과정을 거쳐 온 것이다.

  따라서 규모를 키우기 전에 라포르를 형성하는 것이 무엇보다 중요하다. 팔로워들과의 라포르가 충분히 형성되면 규모는 이후에 자연스럽게 따라오게 되어 있다.

  꼭 메가 크리에이터만의 이야기가 아니다. 10만 명의 팔로워를 거느린 사람보다 1,000명의 팔로워를 가진 사람이 더 영향력을 발휘할 수 있는 것도 결국은 팔로워와의 끈끈한 신뢰도와 가까운 친밀감 때문이다. 팔로워 수가 적어도 소통하는 콘텐츠로 라포르를 형성하고 있기 때문에 영향력을 발휘할 수 있는 것이다.

　특정 제품이나 서비스를 광고할 경우 관계성 없는 큰 팔로워 규모보다 작은 팔로워여도 관계성이 깊은 사람이 더 큰 전환을 만들어냈다. 나와 라이프스타일이 유사한 내 주변에 있는 사람이기 때문에 정서적 유대감이나 동질감이 더 강하게 작용된다. 이 사람이 추천하는 제품이나 서비스라면 그냥 믿고 따라도 된다는 신뢰가 형성된 것이다.

　결과적으로 내가 팔로잉하는 사람들 혹은 내 팔로워와의 끈끈한 라포르 형성이 가장 우선시되어야 한다. 페이스북으로 시작해 인스타그램, 유튜브 그리고 틱톡으로까지, 앞으로 나올 채널이 무엇이든 간에 내 팔로워와의 라포르가 중요하다는 사실은 변하지 않는 진리다.

29

**여전히 강력한
메가 크리에이터**

 팔로워 규모보다 라포르를 기반으로 채널을 운영해야 한다고 말하면서 팔로워가 많은 메가 크리에이터가 그래도 강력하다고 말하는 것이 앞뒤가 안 맞아 보일 수 있다. 라포르에 대한 변하지 않는 사실을 강조한 이유는 팔로워 수에 집착하다가 가장 근본이 되는 '관계'의 중요성을 놓치지 말아야 한다는 경각심을 다시 일깨우고 올바른 시각을 키워야 한다는 취지에서다.

당연히 팔로워 규모가 크면서 팔로워들과 강력한 라포르까지 형성하고 있는 사람이라면, 그 영향력은 어마어마할 것이다. 곳곳에 이런 인물들이 많이 존재한다. 오히려 그들은 이전보다 더 강력한 영향력을 발휘하고 있다. 제품 광고를 진행하면서 불과 며칠 만에 몇 억 원어치를 판매하는 사람들이 있다. 시장 규모가 엄청난 중국의 경우도 소위 '왕홍'이라 일컫는 메가 크리에이터들이 한 번에 수십 억 원씩 매출을 달성하기도 한다.

연예인의 경우도 이전에는 TV를 통해 노출이 되었다면, 이제는 인스타그램이나 유튜브와 같은 다양한 디지털 플랫폼을 통해 팬들과 소통한다. 이를 통해 방송에서 볼 수 없었던 그들의 솔직한 모습이나 일상을 엿볼 수 있어서 더욱 친밀감이 생긴다. 팬과 서로 댓글로도 직접 소통할 수 있으니 더욱 가까워진다. 즉 이들이 영향력을 발휘할 수 있는 창구도 늘어나고, 방송에서는 볼 수 없는 다양한 모습으로 더 강력한 라포르를 형성할 수 있는 시대가 되었다.

이 세상에는 재능이 있고 전문성을 갖춘 매력 있는 사람들이 수없이 존재한다. 인물뿐만 아니라 훌륭한 브랜드와 제품도 엄청나다. 소셜 네트워크 채널이나 유튜브 같은 동영상 플랫폼이 전 세계 곳곳에 있는 이런 존재들을 세상 밖으로 이끌어준 셈이다. TV 같은 한정된 매체에서 한정된 사람들에게만 알려지던 것들이 이제는 매체의 힘을 받지 않아도 자신의 능력만으로도 디지털 플랫폼을 통해 얼마든지 대중에게 다가갈 수 있는 시대가 되었다.

수년 전만 해도 유통 라인이 없고 광고 비용도 많이 쓰지 못하는 회사는 제품을 출시해도 할 수 있는 홍보가 많지 않았다. 하지만 이제는 직접 콘텐츠를 만들어 자신의 채널에서 얼마든지 제품을 광고하고 판매할 수 있다.

또한 우리의 일상에 소셜 네트워크 채널들이 깊게 파고들어 우리가 그곳에서 소비하는 시간이 많아짐에 따라 인플루언서나 크리에이터가 연예인보다 오히려 더 유명하고 영향력을 미치기도 한다.

〈무한도전〉에서 유재석이 한 아이에게 "제가 누군지 아세요?"라고 물으니 그 아이는 그가 누군지 모른다고 답했다. 그런데 유재석은 모르지만 도티는 알고 있다는 장면이 떠오른다. 지금 세상이 어떤 시대인지 그 장면만 봐도 이해가 된다. 즉 아이들에게는 연예인 유재석보다 유튜버 도티가 더 큰 영향을 미칠 수 있구나,라고 생각했다. 우리는 이런 세상에 살고 있다.

이전에는 건강에 의심 증상이 나오면 무조건 병원을 찾았으나 지금은 유튜브에 있는 의사나 약사의 콘텐츠를 먼저 보면서 자가진단을 한다. 또한 골프 연습을 하고 싶다면 연습장에 굳이 가지 않아도 관련 유튜브를 찾아서 연습한다.

우리가 살아가면서 궁금하거나 배우고자 하는 많은 것들을 이제는 크리에이터를 통해서 배운다. 이런 과정에서 페인 포인트나 욕구를 잘 알려주는 크리에이터들은 팔로워에게 신뢰를 받으며 충성도 높은 라포르를 형성해 점점 더 많은 팔로우를 받는다. 결국 메가 단계까지 성장해 더욱더 강력해진 영향력을 행사한다.

이렇듯 자기계발, 건강, 운동, 요리 등 다양한 분야의 메가 크리에이터들이 존재하며, 이들은 누구보다 많은 고민을 통해 어떤 콘텐츠를 제공할지 기획하고 준비하면서 계속 성장해 나간다. 그리고 꼭 전문 분야나 기술 등 무언가를 가르쳐주지 않더라도 자신이 추구하는 라이프스타일을 통해 많은 사람의 공감을 받는 사람들 역시 메가 크리에이터로 성장하고 있다.

누군가를 팔로우하는 것을 뇌과학에서 접근하면, 거울 뉴런의 '정서적 공감' 부분도 크게 작용한다는 것을 알 수 있다. 이 경우에는 분야에 대한 구분보다는 육아, 살림, 직장인 등 자신이 처해 있는 상황에 대한 유사성이 반영된다.

매일 크리에이터들을 만나던 시기가 있었다. 그때 이런 대화를 나눈 기억이 난다.

"대표님 제 구독자분들은요, 제가 값비싼 차를 팔아도 살 거예요."

거만하고 무례해 보일 수도 있지만, 메가 크리에이터들이 그만큼 구독자들과 얼마나 라포르를 잘 형성하고 있는지를 이야기하는 대목이다. 오랜 기간 쌓아온 상호간의 신뢰가 매우 두터웠기 때문에 가능한 일이다. 실제로 그가 광고하면 늘 좋은 판매로 이어졌다.

결국 여전히 규모가 큰 팔로워 집단을 보유한 사람들은 계속해서 거대한 영향력을 지닌다. 오히려 이전보다 더 강력한 힘을 발휘하는 사람들이 늘어나고 있는데, 중요한 것은 그들이 단순히 팔로워 규모만 믿어서가 아니라 특정 분야에 대한 전문성 또는 정서적 공감대를 팔로워와 충분히 형성했기 때문이다. 그만큼 신뢰가 쌓여서 가능하다.

그래서 빠른 시간 내에 큰 효과를 보일 수 있는 그룹이 메가 크리에이터라는 사실 역시 변하지 않는 사실이다. 다만 우리가 이런 진짜배기를 알아볼 수 있는 시야를 길러야 한다.

30

결국에는 콘텐츠

'이제는 콘텐츠의 시대다.'

수도 없이 듣던 말이다. 이제 '팔로워 시대의 몰락'이라는 표현과 함께 콘텐츠의 중요성을 이야기해보고자 한다. 수많은 미팅을 통해 흔히 팔로워 규모에 대해서는 엄격한 기준을 세우면서도 콘텐츠 기준에 대해서는 상대적으로 덜 중요하게 생각한다는 것을 깨달았다. 팔로워 규모가 모든 홍보 효과를 보장해줄 거라는 믿음이 그만큼 강하기 때문이다.

하지만 결국 디지털상에서 가장 유의미한 결과인 파급력 있는 노출은 알고리즘에 걸려서 관심사 대상에게 추천이 되는 것이다. 그러기 위해서는 팔로워 규모와 더불어 양질의 콘텐츠 게재가 병행되어야 한다. 아무리 팔로워 규모가 강해도 콘텐츠가 알고리즘을 통해 추천영역에 뜨지 못하면 우리가 기대하는 팔로워 수만큼 절대 도달되지 않는다.

그래서 라포르 형성이 중요하다. 라포르가 잘 형성된 사람이 게재하는 콘텐츠는 팔로워의 반응도가 높고, 이는 알고리즘에게 좋은 콘텐츠라고 판단하도록 해서 여러 타겟에게 노출된다. 이런 계정이 팔로워 규모까지 크다면 어떨지 상상해보라.

하지만 현실은 생각만큼 라포르를 제대로 형성한 계정이 많지 않다. 그래서 콘텐츠 자체를 더 잘 만드는 것에 신경을 써야 한다. 우리가 알고리즘을 통해 콘텐츠를 추천받았을 때 클릭과 뷰가 이뤄지는 것은 그 콘텐츠의 주인공이 몇 명의 팔로워를 보유하고 있는지가 아닌 콘텐츠 자체 때문이다. 그것이 섬네일 이미지일 수도 있고, 섬네일에 들어간 문구 때문일 수도 있고, 콘텐츠의 주제 때문일 수도 있다. 물론 그 인물이 우리가 잘 아는 사람이라면 훨씬 더 친숙하게 콘텐츠에 접근하겠지만, 이보다 더 중요한 것이 바로 콘텐츠 자체다.

인스타그램의 돋보기탭을 보면, 우리는 흔히 섬네일의 이미지나 내용을 보고 클릭하지, 그 사람의 팔로워 규모를 보고 클릭하지는 않는다. 화면에서 팔로워 수치가 보이지도 않는다.

따라서 광고를 하는 브랜드의 입장에서 혹은 채널을 키우는 인플루언서는 무엇을 올릴지에 대한 콘텐츠의 고민이 우선시되어야 한다. 그런 다음에 팔로워 규모에 주목해야 한다. 오히려 콘텐츠가 좋다면 팔로워 수와 상관없이 알고리즘에 걸릴 수 있고, 이를 통해 관심사에 맞는 추천에 띄울 수도 있다.

물론 충성도 높은 대규모의 팔로워를 가진 크리에이터보다는 어려움이 있겠지만, 팔로워의 규모가 작아도 해당 분야에 대한 분석과 다양한 콘텐츠를 통해서 알고리즘에 걸리게 되면, 많은 사람에게 노출될 수 있다. 특히 지금은 숏폼에 더욱 반응하는 시대기 때문에 다양한 종류의 콘텐츠를 시도하면서 사람들의 반응을 이끌어낼 소재를 찾는 일이 예전보다 쉬워졌다.

따라서 시대가 지나도 변하지 않을 세 번째 사실은 앞으로 어떤 플랫폼이 발전하고, 새로 등장하는지에 따라 우리가 사용하고 활동할 판은 달라지겠지만, 그것이 무엇이든 결국 중요한 것은 콘텐츠 자체를 잘 만드는 일이다.

콘텐츠를 잘 만든다는 것은 여러가지 의미가 있지만 명확하게 정의할 수 있는 것은 '사람들이 원하는 콘텐츠'를 만드는 것이다. 내가 만들고 싶은 콘텐츠가 아니라 사람들이 궁금해하고 알고 싶어하는 콘텐츠를 만들어야 한다. 물론 나와 사람들의 관심사가 일치할 때 최고의 시너지를 내고 신뢰도도 향상된다.

그래서 우리는 팔로워를 어떻게 키울지가 아니라 어떤 콘텐츠를 생산할 것인지를 최우선으로 고민해야 한다.

31

재야의 고수에게서 배운
'팔리는 콘텐츠' 법칙

모두에게 통용되는 좋은 콘텐츠란 무엇일까? 상황과 다른 목적이 있기에 모두가 만족하는 좋은 콘텐츠를 정의하긴 어렵다. 마케팅 분야에 종사하고 있다면 좋은 콘텐츠는 결국 그것을 보고 소비자가 제품을 사게 만드는 것이다.

한번은 아직 알려지지 않은 성장성이 많이 필요한 브랜드를 주로 마케팅하는 전문가를 만난 적이 있다. 그에게서 배운 '팔리는 콘텐츠 법칙'을 내 경험과 노하우를 바탕으로 정리해보았다. 매출이 나온다는 의미는 유형의 제품과 무형의 서비스 모두에게 포함된다. 따라서 브랜드마케팅뿐 아니라 채널을 키우려는 개인에게도 해당되는 법칙이다.

콘텐츠로 소비자에게 접근할 때 제품 판매가 이뤄지기 전에 소비자에게 왜 이 제품을 사야 하는지에 대한 '동기부여'를 먼저 만들어야 한다. 또는 우리가 동기부여를 하지 않아도 이미 자신들의 필요에 의해 자체 동기부여가 되어 있는 소비자에게 무엇이 필요하고 좋은지를 '교육'해야 한다. 이를 위한 콘텐츠를 먼저 만들어야 한다. 물건을 파는 것이 강제성이 아니라 상대방의 필요에 의해 만들어져야 하고, 물건을 파는 브랜드에 대한 신뢰가 형성되어야 가능한 일이다.

팔리는 콘텐츠 법칙

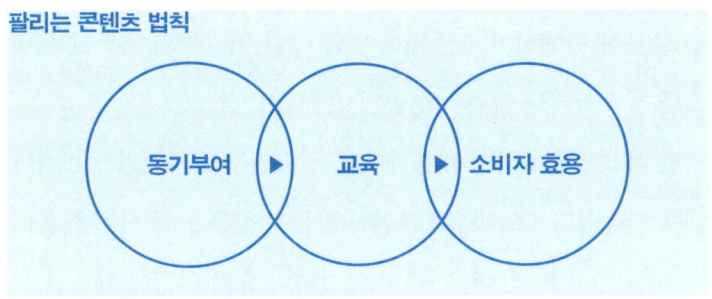

즉 위의 공식처럼 '동기부여'라는 과정이 '구매의 필요성'으로 이어지고, '교육'은 '신뢰를 형성'하는 과정으로 설명될 수 있다.

그런데 현실은 어떨까? 동기부여(필요성)를 만들어내거나 교육의 과정은 건너뛰고 곧바로 제품(서비스)으로 바로 등장하는 것이 대부분이다. 소비자가 왜 그것을 사야 하는지에 대한 이유를 만들어주지 않고 다짜고짜 제품부터 사달라고 하는 경우가 다반사다. 그러면 소비자는 일단 반감을 갖기 때문에 당연히 제품 판매로 이어지지 않는다.

그래서 많은 기업과 브랜드가 이런 시행착오로 시련을 겪는다. 다시 말해서 소비자들에게는 아직 낯선 제품들인데도 마치 이미 신뢰 관계가 형성된 브랜드처럼 행동한다는 것이다. 반대로 무엇보다도 먼저 소비자들에게 우리 제품을 사야 하는 이유를 충분히 이해시키고 관계를 만들고 나서 그들의 제품과 서비스를 노출시키는 기업은 성공의 길을 걷는다.

한 식당에서 일하던 셰프가 식당을 그만두고 자신의 인스타그램을 만들었다. 그 채널에 본인이 만들고 싶은 요리 사진을 올리기 시작했다. 콘텐츠를 꾸준히 올렸더니 요리 사진에 매력을 느낀 팔로워들이 점차 늘어나기 시작했다. 어느 정도 팔로워들이 쌓이자 요리할 때 사용하던 소스를 제품으로 팔기 시작했고, 이후 자신이 직접 소스를 만들어 팔면서 셰프의 브랜드가 자연스럽게 성공할 수 있었다.

팔리는 콘텐츠의 법칙인 동기부여 → 교육 → 소비자 효용의 과정에 비유해 설명하면 이렇다. 맛있어 보이는 요리를 만들어서 인스타그램에 올린 것은 사람들에게 그 음식을 만들어 보고 싶게 한다. 이것은 '동기부여' 과정에 해당된다. 요리를 하는 동안 사용하는 재료는 자연스럽게 '교육' 과정이다.

그리고 요리 콘텐츠를 꾸준히 만들어냄으로써 팔로워들의 질적인 신뢰, 양적인 규모가 늘어났다. 그런 이후에 자신이 만든 브랜드가 등장했기 때문에 팔로워들과 라포르가 쌓인 상태여서 이미 그들은 고객이 될 준비가 충분히 형성되어 있었다. 따라서 매우 자연스럽게 제품 구매, '소비자 효용'으로 연결된 것이다.

실패 사례를 살펴보면 신규 제품이나 서비스가 여전히 소비자에게 선택받지 못한 브랜드의 공통점이 있다. 브랜드의 제품이나 서비스가 필요한지에 대한 동기부여와 구매 이유에 대한 필요성이 충분히 전달되지 못했다는 점이다. 따라서 다소 시간이 걸리더라도 소비자에게 필요성을 느끼게 하고, 이 제품과 서비스의 구매 이유에 대한 작업이 반드시 선행되어야 한다.

이 문제점은 위에 언급했던 사례처럼 콘텐츠를 통해 먼저 소통하는 방법으로 해결이 가능하다. 얼마든지 콘텐츠를 통해 팔리는 제품과 서비스를 만들 수 있다. 처음부터 물건을 팔려는 광고나 홍보가 아니라 내 타겟 소비자들에게 도움이 될 만한 콘텐츠를 먼저 만든다. 그런 후 타겟 콘텐츠를 통해 미래의 잠재 고객이 될 수 있는 사람들을 모아서 이들에게 동기부여와 필요성을 각인시킨다. 해당 내용과 관련해 무엇이 중요하고 필요한지를 자연스럽게 알려준다. 이렇게 신뢰도와 친밀감을 통해 라포르를 먼저 형성한 후에 제품과 브랜드를 출시해야 한다.

콘텐츠를 제공할 채널은 무엇이든 상관없다. 인스타그램이나 유튜브도 좋고, 카카오톡 오픈 채팅방이나 네이버 카페 같은 곳도 좋다. 채널이 무엇이든 타겟 고객이 될 수 있도록 그들과 신뢰도만 쌓으면 된다.

인테리어 자재를 파는 브랜드의 홍보 담당자를 만났다. 그는 인스타그램 채널에 릴스 콘텐츠를 만들어 높은 성과를 낸 사람이었다. 그 역시 처음부터 인테리어 자제를 광고한 것이 아니라 인테리어를 진행할 때 어떤 자재가 적절한지, 그리고 기존 인테리어 자재 시장에 부족한 점, 그리고 소비자의 요구 등을 중심으로 콘텐츠를 계속해서 만들어 게재했다.

이런 반복된 동기부여와 교육 콘텐츠들이 쌓이기 시작하면서 타겟 소비자들도 증가했고 채널에 대한 신뢰도 역시 상승했다. 결국 알고리즘에 걸려 100만 뷰 이상의 조회수를 기록한 콘텐츠들이 나타나기 시작했다. 알고리즘은 같은 관심사를 가진 사람들에게 노출되는 것이기 때문에 신규 타겟 고객에게 많이 도달되었다는 의미다. 결국 신뢰도를 먼저 받은 이 회사의 인테리어 자재는 엄청난 매출을 기록했다.

　오직 콘텐츠만으로 이뤄낸 성과다. 제품 출시 이전에 일정 기간 회사에 대한 신뢰도를 높일 수 있는 콘텐츠를 지속적으로 만듦으로써 소비자들에게 신뢰와 친밀감을 줘서 제품이 나왔을 때 이를 바탕으로 매출과 연계할 수 있다.

　콘텐츠로 성과를 이룬 성공 사례는 수없이 많다. 국내든 해외든 나라와 지역, 연령대, 관심사, 분야와 상관없이 거의 모든 분야에서도 유사한 성공 사례들이 나왔다. 특히 처음 브랜드를 런칭하면서 큰 예산 없이 광고홍보를 해야 하는 작은 기업에 있어서 이런 사례들이 더 강하게 나타났다.

　이를 통한 성공 공식을 바탕으로 예를 더 들어 보면, 아웃도어 패션 브랜드를 만들고 싶은 사람이 있었다. 그는 시장조사를 통해 일상생활에서 입기에는 적합하지 않은 아웃도어가 많다는 것을 깨달았다. 평소에도 입을 수 있는 아웃도어를 만들고 싶었지만, 그는 직접 옷을 생산하고 홍보할 정도의 자금이 없었다.

　그래서 일단 인스타그램 계정을 만들어 자신이 평소에 좋아하는 아웃도어 옷을 직접 입고 스타일링해 콘텐츠를 만들어 계정에 올렸다. 어떤 사람들이 관심을 보였을까? 바로 그와 동일한 관심사를 가진 사람들이 하나씩 모이기 시작했다. 즉 아웃도어를 멋지게 입고 싶어하는 사람들이 모이기 시작했고, 이들에게 지지와 신뢰를 받았다.

이렇게 콘텐츠를 통해 아웃도어를 입고 싶은 동기를 유발하고, 어떻게 하면 멋지게 입을 수 있는지에 대한 콘텐츠를 계속 만들어내면서 라포르가 형성되었기 때문에 이 계정에 올라오는 브랜드들이 잘 팔리기 시작했다. 그가 입은 브랜드에 대한 판매영향력이 커지고 매출이 증대되면서, 오히려 자신이 소개했던 브랜드를 인수하는 상황까지 이르렀다. 이를 바탕으로 자신이 원하는 브랜드를 만들어 수천억 원의 매출을 자랑하는 기업으로 성장시켰다.

처음에는 예산이 없어서 브랜드를 직접 만들지 못했지만, 인스타그램을 통해 타겟 고객들이 원하는 자신만의 콘텐츠를 만들어 잠재고객을 우선 모으기 시작한 것이 성공의 주요 원인이다. 이들에게 좋은 콘텐츠(동기부여, 필요성, 교육)를 계속 제공하면서 소통을 이어갔고, 결국 신뢰도와 친밀감을 바탕으로 라포르를 형성해 자신만의 브랜드까지 만들 수 있었다.

이것은 모든 분야에서 적용할 수 있는 공식이다. 뷰티 분야에서 이미 스킨케어나 메이크업에 대한 전문성을 자신의 채널에서 인정받은 사람들과 협업해, 그들이 이미 타겟 고객들과의 라포르를 자신의 브랜드로 끌고 오는 것도 같은 맥락이다. 약사나 의사 역시 자신들의 전문성을 먼저 콘텐츠로 만들고 사람들에게 신뢰를 쌓은 이후에 관련 제품을 만들면서 성공하는 사례가 계속해서 나오는 중이다.

제품만이 아니라 서비스 분야도 마찬가지다. 법무법인에서 대표 변호사를 맡고 있는 지인이 있다. 법률 상담은 무형의 서비스다. 하지만 이런 무형의 서비스도 콘텐츠를 통해서 먼저 사람들의 신뢰를 쌓는 것이 중요하다. 어쩌면 다른 어떤 분야보다도 변호사에 대한 신뢰는 더 중요한 부분이다. 그리고 유튜브의 콘텐츠가 이러한 역할을 훌륭하게 수행한다.

그런데 여기서 처음부터 자신의 법무법인을 광고했을까? 절대 아니다. 사람들이 궁금해하는 법률과 관련된 지식, 혹은 최근 이슈가 되는 이야기들과 관련된 법적인 관점 등을 다루면서 우선적으로 사람들에게 신뢰와 친밀감을 쌓아갔다. 그런 후 콘텐츠를 꾸준히 올리는 기간을 거쳤다.

처음에는 결과가 눈으로 직접적으로 보이지 않았지만 1년 정도의 시간이 지나자 차츰 신뢰가 쌓이면서 알고리즘을 통해 법률 자문이 필요한 잠재 고객들에게 콘텐츠가 도달되기 시작했다. 최근에는 실제 법률 자문과 연결된 좋은 결과들이 증가하고 있다.

이것은 B2B 고객을 타겟으로 하는 업계에서도 반영되는 공식이다. 관세법인의 대표 관세사를 맡고 있는 지인이 있다. 관세라는 업종은 일반 소비자가 아닌 기업들을 고객으로 삼고 있다. 그만큼 고객 범위가 작다. 이들 역시 유튜브 채널을 만들어 사람들이 궁금해할 수 있는 최근 사회 이슈와 관련된 소재들을 다룬 콘텐츠를 꾸준히 올렸다. 차츰 이들의 콘텐츠에서 나오는 전문성에 대한 신뢰를 가진 기업 고객들이 이 회사로 문의하기 시작했다.

이 두 개의 채널 모두 겉으로는 구독자 수가 많지 않고 영상 조회수도 높지 않았는데 현재의 고객, 앞으로 고객이 될 수 있는 잠재 타겟 모두에게 매우 효과적으로 도달했고, 좋은 결과로 이어졌다.

즉 서비스나 B2B를 대상으로 하는 주체에게도 동기부여와 교육 과정을 통해 신뢰를 먼저 쌓으면, 굳이 직접 내 회사와 서비스를 광고하고 어필하지 않아도 잠재고객들이 알아서 스스로 나를 찾아오게 된다는 것을 알 수 있다. 그리고 여기서 팔로워와 구독자의 규모가 크지 않아도 충분히 유의미한 결과가 나올 수 있다는 사실이다.

위에 언급한 모든 사례는 분야도 다르고 형태도 다르고 타겟도 모두 다르지만, 내 제품과 서비스를 내세우기 이전에 콘텐츠를 통한 동기부여와 교육만으로도 성공을 이루었음을 보여준다. 만약 여전히 당신의 제품이나 서비스가 팔리지 않고 있다면, 혹시 이 과정을 거치지 않았는지를 돌아봐야 할 것이다.

당연하고 뻔한 공식임에도 실천하지 못하는 사람들이 많다. 하지만 이 뻔한 공식은 소비자의 신뢰를 먼저 쌓는 것이 얼마나 중요한지, 그리고 이것은 시대가 지나도 변하지 않는 진실임을 입증하고 있다.

32

**언제나 중요한 건 본질
_ 제품력**

 기업으로부터 조언 요청을 받을 때마다 그들에게 현실적인 전략과 방향성에 힘을 보태려고 노력한다. 주로 마케팅에 대한 최신 트렌드와 방법론에 대한 자문 요청이 많은데, 이러한 전략을 세우기 이전에 가장 먼저 검토해야 할 것이 바로 제품 본질에 대한 부분이다.

제품력이 뒷받침되지 않으면 어떤 노력도 수포로 돌아갈 확률이 크기 때문이다. 아무리 큰 예산과 좋은 전략을 써도 제품이나 서비스의 질이 좋지 않다면, 잠깐은 성공할 수 있어도 결국 중장기적으로 발전하기 어렵다. 재구매로 연결되지 않으면 새로운 고객 창출을 위해 끊임없이 마케팅에 예산을 쏟아부어야 한다. 잠깐은 효과를 볼 수 있지만, 결국 다시 원상태로 돌아가는 악순환에 빠질 수밖에 없다.

마케팅을 본격적으로 시작하기 전에 제품의 본질이 가장 중요한데도 여전히 제품에 대한 명확한 개념조차도 확립하지 못한 경우를 수없이 경험했다. 게다가 아직 대중적으로 알려지지 않은 작은 규모의 기업이나 새로운 브랜드를 런칭하는 상황에서라면 더욱더 심각한 경우를 많이 본다. 심지어 본인이 직접 만든 제품과 서비스인데도 고객들에게 어떤 가치를 주고 있는지를 정의하지 못하는 사람들도 만났다.

하지만 마케팅에 대한 조언이나 아이디어를 구하기 전에 브랜드는 타겟 고객에게 줄 수 있는 명확한 가치를 만드는 것이 무엇보다 선행되어야 한다. 여기서 중요한 것은 내가 주고 싶은 가치가 아니라 타겟 소비자의 욕구를 충족시키는, 즉 소비자가 필요한 제품 본연의 가치가 되어야 한다. 브랜드가 내세우는 가치가 정립되어 있더라도 시장과 소비자와 상관없는 가치라면 의미가 없다.

성공한 기업도 수년 전, 수십년 전 시장에 처음 진입했을 때 소비자에게 제시한 가치는 분명 유의미한 것이지만, 조직이 커지고 제품이 늘어나면서 어느덧 그 정신을 잃어버려 고전을 면치 못하는 경우가 허다하다.

조직이 커져도 이 회사의 제품이 처음에 어떤 가치를 부여해서 성공했는지에 대한 스토리가 공유되어야 하고, 제품 개발도 소비자를 바라보며 시장을 향해야 한다. 그렇지 않으면 원래 성공 유전자인 '혁신'은 없어지고 시장에 이미 있는 흔하디 흔한, 혹은 유행을 뒤늦게 쫓아가는 제품을 만들게 된다.

 광고 대행사로 시작해 여러 브랜드를 인수하며 성공적으로 회사를 키워낸 한 대표를 인터뷰한 영상을 봤다. 뛰어난 광고 경험과 실력을 갖춘 회사 대표가 자신이 보는 가장 중요한 기준이 바로 '제품력'이라는 이야기에 무척 감동받았다.

 이 영상의 내용과 팔로워 시대의 몰락과 어떤 관련이 있을까? 우리는 어느 때보다 OEM(주문자 상표 부착 생산), ODM(제조업체 디자인 생산) 시스템이 잘 갖추어진 사회에 살고 있다. 누구든 마음만 먹으면 OEM 회사를 찾아가 화장품도 스스로 만들 수 있고, 내가 만들고 싶은 건기식 제품이 있다면 ODM 회사를 찾아가서 만들 수 있다. 이 시장이 커지면서 소규모 제조업체들도 늘었다. 그래서 MOQ(Minimum Order Quantity)(최소 주문 수량)로도 원하는 제품을 생산할 수 있는 시대다.

 이렇게 이전보다 쉽게 제품을 개발하고 만들 수 있는 세상에 살고 있으니 제품력에 대한 고민보다 그저 그런 수준의 마켓 트렌드에 맞는 제품을 만들어 팔려는 사람들이 늘어났다. 팔로워 규모가 큰 사람들에게 노출을 맡기면 많이 팔릴 수 있을 거라는 믿음 때문이다.

하지만 결국 돌아오는 건 쓰디쓴 실패뿐이다. 물론 성공도 있겠지만 제품력이 뒷받침되지 않는다면 일시적인 효과에 불과하다. 인플루언서의 영향력에 기대어 잠시 효과는 봤어도 재구매로 이어지지 않기 때문이다. 결국 브랜드는 성장이 멈출 수밖에 없다.

신규 브랜드가 가장 중요하게 봐야 하는 데이터는 바로 '재구매율'이다. 제품력을 먼저 갖춘 다음 팔로워 규모가 크지 않더라도 주변인이나 비용 부담이 없는 나노 인플루언서에게 먼저 경험할 기회를 주는 것이 더 좋다. 그들을 통해 조금씩 타겟 소비자의 관심을 유도해 판매가 이어지도록 하고, 무엇보다 재구매가 이루어질 수 있기 때문이다. 최대한 타겟 고객이 경험을 통해 제품에 대한 신뢰를 갖도록 해야 한다.

국내외에서 스킨케어 제품인 리들샷으로 엄청난 성공을 거둔 VT 코스메틱 마케팅 담당자의 인터뷰에 이런 내용이 나온다.

"일본뿐만 아니라 글로벌은 물론 한국에서도 중요하게 생각하는 포인트인데, 인플루언서에게 제품을 제공하고 후기를 작성하게 하는 형태의 시도도 했어요. 하지만 일반 소비자들이 진짜 제품을 체험하고 실제 후기를 남기는 체험단 형태를 몇 백 명에서 몇 천 명까지 대규모로 진행했습니다."

그들이 이런 전략을 펼칠 수 있는 것은 제품력에 대한 확실한 자신감을 가지고 이런 사람들이 강력한 브랜드의 대변인이자 실제 고객이 될 수 있을 것이라는 강한 믿음 때문이다.

제품력이 받쳐줘서 따라오는 높은 재구매율은 파레토의 법칙Pareto's Law에도 해당되는 이야기다. 즉 20퍼센트의 고객이 80퍼센트의 매출을 차지하고, 나머지 80퍼센트의 고객이 20퍼센트의 매출을 차지하는 비율을 말한다. 이 법칙은 브랜드에서도 정확히 적용된다. 이렇게 브랜드의 근간을 이룰 수 있는 강력한 충성 고객을 갖기 위해서는 그만큼 강력한 제품력이 필요하다.

K-패션을 대표하는 '3M' 혹은 '삼마'라고 불리는 브랜드가 세 개 있다. 바로 마뗑킴, 마르디 메크르디, 마리떼 프랑소와 저버이다. 이중 우리는 마뗑킴과 마리떼 프랑소와 저버와 함께 일하고 있다. 마뗑킴의 모 회사격인 HAGO에서 보유한 수십 개의 브랜드마케터를 대상으로 강의를 정기적으로 진행하고 있다.

한번은 HAGO 대표가 강의가 끝나자 "마뗑킴도 나노와 마이크로 인플루언서와 바로 일을 진행해야겠어요"라고 빠른 결정을 했다. 그 이유는 마뗑킴은 팔로워 규모와 상관없이 패션 브랜드가 가진 본연의 제품력인 디자인에 대한 자신감이 있었기 때문이다. 즉 마뗑킴이 패션 브랜드로서 디자인을 매우 중요하게 생각하고, 이러한 헤리티지를 잘 지키고 키워나가고 있기 때문에 계속된 성공을 이어가고 있다고 생각한다.

결국 시대가 변해도 변하지 않는 사실은 브랜드가 팔로워의 규모와 상관없이 성공할 수 있는 힘은 타겟 고객에게 어필할 제품력 그 자체다. 그렇고 그런 제품이 아닌 소비자의 욕구가 반영되고 페인 포인트를 해결해줄 수 있는 명확한 판매 포인트를 가진 제대로 된 제품을 만드는 것이 최우선시되어야 한다.

팔로워의 규모에 의지하지 않았던 시절에도 좋은 제품은 소비자에게 인정받고 성공했다. 다만 예전에는 없던 디지털상에 팔로워를 많이 보유하고 있는 사람들이 생겨나서 제품이 알려지고 퍼져 나가는 시간을 빠르게 그리고 효율적으로 알릴 수 있다. 따라서 제품력만 갖춘다면 성공으로 갈 수 있는 기회가 그만큼 많아졌다는 것을 명심해야 한다.

33

우리가 잊고 있던 가장 강력한 힘 _ 구전효과

 우리는 트렌드에 반응하면서 변하지 않는 원리에도 집중해야 한다. 물론 변화를 무시해도 안 되지만 변화를 응시하되 그 안에 시대가 변해도 변하지 않는 세상의 원리가 깔려 있어야 한다.

디지털이 없던 시대와 소셜미디어가 활성화되지 않았던 시절을 되돌아보자. 불과 10~20년 전만 해도 SNS와 스마트폰을 통한 디지털의 일상화는 꿈도 꾸지 못했다. 이렇게 디지털이 우리의 일상을 지배하기 시작한 것은 불과 얼마 되지 않았다.

그 시절에는 어떻게 광고했을까? 4대 매체가 가장 큰 역할을 하던 시대는 어떻게 마케팅을 했을까? 꼭 제품이나 브랜드에 대한 홍보를 떠나서 어떠한 사실이나 소문이 아무런 매체도 없던 그 이전 시대에는 어떻게 이루어졌을까?

시대에 상관없이 좋은 제품과 서비스는 어떤 방식으로든 사람들 사이에서 퍼져 나갔다. 이렇게 폭넓게 퍼져 나간 제품들이 결국 성공 브랜드가 되었다. 바로 '구전효과' 때문이다. '입소문 마케팅'이라고도 일컫는데, 어쩌면 디지털과 소셜미디어가 발전하기 이전에는 '입소문'이 가장 큰 전파를 만들어내는 요인이었을 것이다. 지금도 자발적으로 퍼져 나가는 입소문이 가장 강력한 힘을 가지고 있다. 그런데 우리는 디지털이라는 관념에 너무 매몰되어서 입소문의 중요성을 간과하고 있다.

자신이 최근에 구매했던 제품이나 시청한 OTT 프로그램 중 어떤 영향을 받아 선택했는지를 생각해보자. 나 역시 최근에 아주 맛있게 먹은 과자가 있다. 바로 친구의 추천 덕분이었다. 실제로 먹어 보기 전에는 광고보다는 직접 먹어 본 사람의 이야기에 더 신뢰를 갖지 않겠는가.

얼마 전부터 아들과 보기 시작한 OTT 애니메이션 프로그램 중 하나도 아들 친구의 추천이었다. 물론 각 OTT에서 사용자 시청 패턴을 분석해 좋은 콘텐츠를 추천한다고 하지만, 그래도 애니메이션 덕후인 친구가 '인생애니'라고 추천한다면 그 콘텐츠에 더 신뢰가 갈 수밖에 없다.

물론 우리의 선택이 모두 구전에 좌지우지하는 것은 아니다. 우리의 많은 결정과 판단이 생각보다 우리 주변으로부터 영향을 자주 받는다는 것이며, 이 영향력은 여전히 강력하다는 것이다. 좀 더 과장하면 선택의 50퍼센트 이상은 주변인의 영향을 받을 정도다.

즉 이전에 없던 알고리즘 기능을 통해 OTT에서 추천해준 콘텐츠를 우리는 실제로 많이 본다. 그래서 플랫폼에서는 얼마나 사용자의 정확한 알고리즘을 갖추느냐가 매우 중요한 시대다. 헬스장을 알아볼 때도 검색으로 위치를 확인하고 이용자들이나 블로거의 리뷰를 보고 등록을 결정하는 경우가 많다.

다만 우리가 지금 너무 디지털이라는 것에 매몰되어서 자연스럽게 나올 수 있는 구전효과는 간과해 유명인을 활용하고, 이런 유명인의 섭외 잣대를 팔로워의 규모에 집착하는 것은 아닌지 현실을 직시할 필요가 있다.

특정 동네의 대리점이나 매장에서 마케팅에 대한 고민을 가진 사람들을 만나 보면, 일단 특정 지역의 홍보가 먼저다. 이런 경우에 다음과 같은 질문을 던진다.

"어떤 사람이 팔로워가 10만 명인데, 그 10만 명이 어느 지역에 사는지도 모르고 연령대가 어떻게 되는지도 모르는 사람한테 큰돈을 주고 광고하는 것이 효과가 있을까요? 아니면 팔로워는 비록 100명이라도 내 매장 주변에 거주하고 있고 팔로워의 타겟이 명확한 사람에게 적은 비용으로 맡기는 것이 나을까요?"

대부분 명쾌하게 후자라고 답한다. 타겟이 누구인지도 모르는 거대한 규모의 불특정 다수에게 알려지는 것보다 지리적으로 현실적으로 유입이 가능한 타겟에게 알려져서 1차로는 그 사람의 만족을 통해 주변으로 퍼져 나가는 강력한 구전효과가 훨씬 더 효과가 크다.

나는 얼마 전 새로운 동네로 이사를 했는데, 이곳에서 찾아간 많은 음식점과 카페, 편의시설 등의 절반은 검색을 통해서였지만, 절반은 이미 이곳에 거주하고 있는 사람들에게서 추천받은 장소였다. 즉 절반 정도는 인플루언서나 디지털에 쌓여 있는 정보에 도움을 받지만, 나머지 절반은 여전히 주변의 실제 추천인의 구전효과가 큰 비중을 차지한다.

말콤 글래드웰 Malcolm Gladwell은 사람의 행동이나 태도가 주변 환경, 특히 거주지나 지역 사회에 영향을 크게 받는다고 말한다. 즉 주변인 혹은 내가 속한 커뮤니티와 지역적 기반에 근거한 구전효과는 모두에게 해당되는 인간 본성에 대한 부분이다.

구전효과는 앞으로 더욱 강력해질 것이다. 이유는 명확하다.

디지털을 통해 개개인이 접하는 수많은 광고 소재가 너무 자극적으로 변해가고 있다. 그래야 클릭율이 높아지고 페이지 유입을 만들어내기 때문이다. 여기에 숏폼이라는 포맷이 가세하면서 짧은 시간 내에 사람들을 설득해야 해서 이런 현상이 더욱더 두드러진다. 자극적이라는 말은 제품의 실제 기능이나 효과보다 과장될 확률이 높다는 것을 말한다.

이런 브랜드를 구매하고 사용했을 때 만족도는 어떨까? 약할 수밖에 없다. 소비자는 콘텐츠에 실망하고 점차 학습효과를 통해 실패율을 줄이기 위해 이런 콘텐츠를 믿지 않고 현혹되지 않는다. 우린 이미 그 단계까지 와 있다.

하지만 내 주변의 추천을 통한 구전효과는 어떨까? 실패 확률이 그만큼 적어진다. 구전효과가 중요한 것은 바로 '재구매'와 연결된다는 점이다. 그리고 구전효과를 받은 사람은 정보를 퍼트리는 사람으로 즉, 자발적인 전파자가 된다. 그 전파자는 또다른 전파자를 낳는다.

결국 콘텐츠나 제품력이 좋다면, 주변인의 큰 영향을 받는 인간의 본성에 의거해 구전효과가 얼마나 큰 역할을 하는지 다시 한번 되새겨 보길 바란다. 그것이 바로 변하지 않는 가장 중요한 사실 중 하나다.

6장

이제부터
어떻게 해야 하는가

34

**내 브랜드는
지금 어디에?**

 SNS 채널의 시작부터 지금까지의 변화, 그 변화에서 생겼던 문제점들을 통해 깨달은 것 그리고 변화 속에서도 변하지 않는 중요한 원리에 대해서 알았다. 우리는 지금 시대에 맞게 원리를 어떻게 적용해야 하는지 정리해보고자 한다.

이런 접근은 내 제품이나 서비스가 지금 어디에 위치해 있는지를 먼저 파악하는 것으로부터 시작해야 한다. PLC, 즉 제품 수명 주기에서 내 브랜드가 지금 어느 단계에 있는지를 알고, 거기에 맞는 전략을 펼치는 것이 무엇보다 중요하다.

만약 이제 막 제품을 출시한 도입기에 있는 브랜드라면, 고객이 될 수 있는 사람들에게 신뢰받을 수 있는 콘텐츠부터 먼저 쌓아야 한다. 출시한 지 조금 시간이 지난 브랜드라면, 이미 경험한 고객에게 꾸준한 관계를 유지할 수 있는 행동을 취해야 할 것이다.

이 과정에서 자주 나오는 실수가 단지 기간적으로 제품이나 서비스가 출시된 지 오래 되었다고 PLC에서 '다수 수용기'에 와 있는 기업처럼 행동하는 것이다. 다시 말해서, 아직 소비자들의 브랜드와의 신뢰와 친밀감이 형성되지 않았는데 이미 그런 라포르가 생겼다고 생각하고 제품이나 서비스를 들이미는 것이다. 당연히 고객들에게 받아들여지지 않는다. 만약 이런 경우에 처해 있다면 자신의 브랜드를 신생 브랜드와 다름없다고 판단하고, 고객들과의 라포르를 형성하는 작업부터 다시 시작해야 한다.

마지막으로 '쇠퇴기'에 있는 브랜드도 있다. 여기서는 과감하게 결정을 내려야 한다. 내가 속해 있는 제품군이나 산업 분야가 성장성이 없다고 판단되면, 더 이상의 전개는 중단하는 것이다. 반대로 시장의 성장성이나 브랜드의 발전 여부가 있다고 판단되면, 기존 제품이나 서비스를 보완해서 다시 '도입기'에 있는 브랜드처럼 움직이는 것이다. 이미 우리 브랜드를 경험했던 사람들, 그리고 새롭게 발전된 제품이나 서비스를 경험해볼 수 있는 새로운 사람들 모두에게 다가가야 한다.

그리고 이 모든 단계에 있는 브랜드들이 공통으로 실천해야 할 것은 내 고객들과 직접 소통하는 일이다. 이 과정에서 관여도가 낮고 넓은 범위의 다수의 사람과 소통하기보다는 숫자는 적어도 이미 내 브랜드를 경험했거나 내 브랜드를 좋아하는 소수의 사람에게 집중하면서 강력한 충성 그룹을 만들어내야 한다.

소통하는 채널이 인스타그램이라면 팔로워 수에 집착하지 말고, 유튜브 채널이라면 구독자 수에 집착하지 말고, 카카오 채널이라면 친구 수에 집착하지 마라. 이 숫자와 규모를 늘리기 위해서 이벤트를 펼치고 프로모션을 기획하는 수고를 할 필요가 없다. 차라리 그 시간에 고객들의 관심사가 될 만한 콘텐츠를 준비하고, 한 번이라도 소통을 더 하는 것이 중요하다.

이런 이야기를 하면 '그래도 채널 규모가 작아 보이면 없어 보이지 않을까요?'라는 질문을 한다. 당연히 아니라고 할 수는 없다. 이왕이면 팔로워 수가 많은 것이 규모도 더 있어 보일 수 있다. 하지만 고객과의 신뢰와 친밀감이라는 실체가 바탕에 깔리지 않은 채널의 규모는 아무런 의미가 없다. 그리고 이러한 실체가 없는 숫자만 만들어서 외형만 먼저 갖추고, 그 다음에 무엇인가를 하려고 했을 때 실패하는 사례가 수도 없이 많다.

지금처럼 SNS가 활성화되어 있지 않을 때 '다음 카페'도 영향력이 높은 채널이었다. 나 역시 디지털 마케팅 분야에서 1세대에 속하기 때문에 그 시절에도 해당 채널의 마케팅을 했다. 그러다 보니 유명 다음 카페의 운영진들과 직접 소통할 기회가 있었다. 십수 년 전이었지만 자신의 실체보다 더 커 보이기 위해서 팔로워를 사는 것처럼, 다음 카페 채널도 회원수만 인위적으로 올려놓고 회원수 규모를 키운 뒤에 실제 운영이 필요한 사람에게 넘긴다는 것이었다. 그리고 해당 채널을 이어받은 사람은 자기가 원하는 주제로 카페의 목적을 바꿔서 운영했다고 한다.

어쩌면 우리도 모르는 사이에 이때부터 숫자의 함정에 빠져 있었을 수도 있다. 하지만 결국 실체가 없고 외형적 규모만 있는 채널들은 결과적으로 모두 오래가지 못하고 실패했다.

반대로 지금 성공해 있는 많은 브랜드의 채널들, 그리고 인플루언서와 크리에이터들도 작은 규모부터 시작했지만 앞의 사례와 달랐던 것은 그 과정에서 외형적인 집착보다는 무엇보다 먼저 '사용자들이 관심 가질 수 있는 콘텐츠' 그리고 '자신의 고객과 팬들과의 소통', 이 두 가지에 집중했기 때문에 성장할 수 있었다. 즉 팔로워의 규모와 숫자는 이러한 노력에 따라오는 부차적인 결과물이지, 우선시해야 할 목표는 아니라는 말이다.

35

**안타깝지만
받아들여야 하는 현실,
멱 법칙**

 이렇게 각 브랜드의 위치에 맞춰서 자신의 제품이나 서비스를 재정의하고 누구에게 어떻게 다가설지에 대한 목표를 세운 후에 그들이 원하는 콘텐츠를 고민하고 만들어야 한다. 그러면서 소비자와 신뢰감을 쌓고 소통하는 것이 가장 이상적이고 올바른 길이라고 생각한다.

하지만 세상이라는 것이, 특히 비즈니스라는 것이 얼마나 내 마음 같지 않은가? 그리고 얼마나 많은 주변 환경과 변수에 영향을 받는가? 즉 비즈니스에는 '정답'이 존재하지 않는다. 결국에는 자신의 노력 여하에 상관없이 시장에는 일부 기업과 브랜드만이 성공하고 살아남는 냉혹한 현실이 존재한다.

이런 것을 설명하는 이론이 '멱 법칙 Power Law'이다. 멱 법칙은 변수 간의 관계가 다음과 같은 수학적 형태를 따르는 것을 말한다.

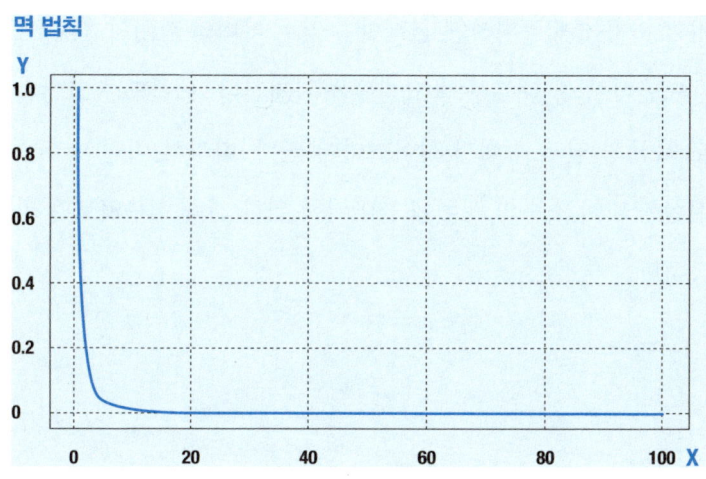

 멱 법칙은 소수의 요소가 전체 결과에 큰 영향을 미치는 것을 설명하는 법칙으로, 이 그래프를 보면 알듯이 X가 증가할수록 Y값은 급격히 감소하며 소수의 값, 즉 X가 작을 때 전체 Y 값의 대부분을 차지하는데, 이것이 바로 멱 법칙의 핵심이다. 주변 사례로 쉽게 풀어서 이야기해보자면, 유튜브 영상 중에 1퍼센트가 전체 조회수의 90퍼센트를 차지하거나 상위 1퍼센트의 투자자가 전체 주식시장의 50퍼센트 이상을 보유하는 등 세상의 많은 현상이 소수의 매우 큰 것과 다수의 작은 것으로 구성되어 있다는 통계적 패턴을 의미한다.

 당신의 제품이나 서비스도 마찬가지다. 시장에 있는 참여자가 소비자에게 공평하게 선택받는 것이 아니라 상위의 소수 브랜드만이 시장 대부분의 고객들을 가져간다. 브랜드는 그야말로 불균형 질서 속에서 살아남아야 한다. 따라서 이런 냉혹한 현실에 맞서 소수의 상위에 들어가기 위한 전략이 무엇보다 필요하다.

36

적자생존의 의미

먹 법칙에서 말하는 승자독식의 생태계에서 승자로 살아남아야 한다. 그야말로 '적자생존(適者生存)'이다. 종종 적자생존을 '강한 자가 살아남는다'는 의미로 해석하는데, '환경에 적응하는 생물이 살아남는다'는 의미로 봐야 한다. 영어로 Survival of fittest이지, Survival of strongest가 아니다.

기업이나 브랜드 역시 살아있는 생물과 같다. 회사를 법인으로 부르는 것도 하나의 인격체로 생각할 수 있기 때문이다. 즉 결국 살아남는 브랜드가 되려면 변화하는 환경에 적응해야 한다.

지금은 마케팅에서 디지털이 압도적으로 영향력을 발휘하는 세상이다. 대부분 SNS 플랫폼을 통해서 자신의 주변 사람들과 소통하고, 일상생활의 많은 활동이 이루어진다. 지하철이나 버스를 타고 주변을 둘러봐도 연령에 따라 조금 다르기는 해도 인스타그램을 보면서 주변인들의 게시글을 보거나 알고리즘이 자신의 관심사에 맞게 추천해준 콘텐츠를 보는 이들이 상당하다. 또는 유튜브로 자신이 좋아하는 크리에이터나 평소의 관심거리들을 시청하기도 한다. 즉 이러한 SNS 채널들은 특정한 상황에서 필요할 때만 쓰는 목적이 아니라 우리의 일상생활과 거의 동일시된다고 봐도 무방할 정도다.

어떻게 하면 제품과 서비스가 SNS 채널을 통해서 고객들에게 다가갈 수 있을까? 고객과 소통할 수 있는 방법론을 세워야 한다. 새로운 환경에서 얼마나 발 빠르게 적응하고 전략을 짜느냐에 따라 고객의 선택을 받는 브랜드가 된다.

블로그나 인스타그램이 대중화되면서 '검색'을 통한 한정적 노출에서 관심사 '알고리즘'을 통해 노출 범위가 폭넓어지면서 홍보 방식에도 많은 변화가 생겼다. 이후 유튜브의 폭발적인 성장으로 이미지가 아닌 영상으로 홍보하기 시작했다. 그리고 지금은 숏폼의 인기로 '짧은 콘텐츠'로 어떻게 빠른 시간 내에 관심사를 가진 고객에게 도달되는지를 연구해야 하는 시대다. 뿐만 아니라 생성형 AI가 일상생활에 점점 깊숙이 파고들면서 디지털 환경 자체가 변화되는 중이다.

이런 변화 흐름에 적응하지 못하면 결국 도태될 수밖에 없다. 이제는 관심사와 해결하고 싶은 문제가 있다면, AI에게 묻고 답을 얻는 시대다. 이 시장을 챗GPT가 계속 선도할지, 구글의 제미나이가 앞서 나갈지 혹은 또다른 누군가가 혜성같이 등장해, 이 시장의 판도를 바꿀지 아무도 모른다. 하지만 인간의 행동 패턴이 생성형 AI에게 질문을 던지고 해답을 얻는 환경으로 변화해 가는 것은 분명하다. 기업과 브랜드에게는 또 한 번의 기회일 수 있다.

생성형 AI가 사용자에게 가장 알맞은 답변을 주기 위해서 단순히 유명한 채널들, 팔로워나 구독자 수만 높은 채널이 아니라 사용자가 물어보는 내용에 대한 전문성을 가진 채널과 인물이라는 점을 인지해야 한다.

그래서 바로 코앞으로 다가온 이 시대에서도 결국 무의미한 규모의 크기보다는 소비자의 관심사와 고민거리들을 해결해줄 수 있는 전문성에 집중해야 한다. 내 브랜드와 기업의 채널을 키우고 외부의 유명 인플루언서와 크리에이터와 협업하기 위해 '적합성'과 '전문성'을 갖추었는지를 먼저 판단하는 관점을 세우는 것을 우선시하길 바란다.

37

성공을 위한 로드맵

 기업이나 학교 강의 또는 세미나 발표를 할 때 늘 시작하는 이야기가 있다.

"누구도 미래를 예측할 수 없고, 이 세상에는 천편일률적으로 완벽히 똑같이 적용할 수 있는 정답은 존재하지 않습니다."

유일한 정답이 있다면 기존의 성공 사례를 분석해 이를 일종의 프레임워크화해서 그 항목들을 나에게 맞게 변형하고 시도하면서 실패를 경험하고 보완하는 과정을 일정 시간 반복하는 것이다. 그러면서 기업과 브랜드에 맞는 방법론을 만들어가는 것이다.

방법론에서 네 가지의 키워드를 뽑아 보면 조금 더 전략의 방향성이 명확해진다.

성공 사례, 내게 맞게 변형, 실패, 시간

실제로 이 네 가지 키워드를 어떻게 적용하면 될까?

로드맵의 첫 단계는 기존의 '성공 사례'를 찾아보는 것이다. 동종업계의 사례가 아니면 더 좋다. 동종업계의 사례는 이미 같은 분야에서 해당 방법으로 고객들에게 사랑받은 전례가 있어서 어쩌면 똑같은 방법이라서 제대로 작용하지 않을 확률이 상당히 높다.

만약 내가 어떤 패션 브랜드 중에서 성공 사례를 찾았다고 해보자. 그 브랜드는 자신의 제품을 먼저 드러내지 않고 오직 스타일링과 큐레이션만을 콘텐츠로 만들어내 타겟이 될 수 있는 팔로워들을 먼저 모았다. 그런 후에 그들과 소통하면서 라포르를 쌓고 어느 정도 시간이 지나고 나서 브랜드를 출시해 성공했다. 그러면 1단계인 기존의 성공 사례를 찾아낸 것이다.

두 번째 단계인 '내게 맞게 변형'하는 단계로 넘어온다. 만약 내가 건강기능 식품을 팔려고 한다면, 내 제품의 기능에 관심을 가진 사람들에게 그들의 고민과 궁금증을 콘텐츠를 통해서 문제제기를 한 후 어떤 생활습관, 어떤 식습관, 어떤 운동방식 등이 좋은지를 설명한다. 바로 잠재고객이 될 수 있는 사람들을 먼저 모으는 작업이다.

이런 관점은 모든 분야에서 적용할 수 있다. 이 과정에서 중요한 것은 진짜 고객이 될 수 있는 팔로워가 쌓이느냐다. 차후에 제품과 서비스를 출시했을 때 실제로 움직이지 않을 팔로워들이 수만 명 쌓이는 것은 별로 의미가 없다. 보다 실제로 움직일 수 있는 잠재 구매자들을 수백 명 쌓는 것이 더 중요하다.

이런 사람들을 모이게 하려면 어떻게 하면 될까? 내가 하고 싶은 이야기를 만드는 것이 아니라 잠재 고객들의 관심사와 고민거리를 파악해 진정성 있는 콘텐츠를 정기적이며 반복적으로 만들어 올리는 것이다. 이러면 알고리즘이 이 주제에 대해 전문성 있는 채널이라고 인정해서 동일한 관심사를 가진 고객들에게 당신의 채널과 콘텐츠를 도달시켜준다. 따라서 알고리즘을 내 고객이라고 생각하고 고객이 어떤 이야기를 듣고 싶어 하는지를 고민한다면, 결국 알고리즘은 나를 선택하게 되어 있다.

그렇다면 얼마나 이런 과정을 거쳐야 알고리즘에 선택되는 결과가 나올 수 있느냐는 질문을 종종 받는다. 사실 기간에 대한 명확한 정답은 없지만 콘텐츠의 주제가 진짜 타겟 고객들의 문제점을 해결해줄 수 있고 관심사의 맞는 주제이며, 이러한 콘텐츠를 주기적으로 꾸준히 올린다는 가정하에 1년 전후 정도면 어느 정도 가시적인 성과가 나온다. 물론 사례마다 어떤 채널은 6개월 이내에 반응이 오기도 하고, 2년이 지나고 나서야 결과가 나오기도 한다.

결론적으로 6개월 또는 1년이 걸릴지 기간적인 목표를 두고 일하면 안 된다. 오직 계속해서 소비자 입장에서 그들이 궁금해할 수 있는 소재, 그들의 고민을 해결해줄 수 있는 해결책 등을 지속적으로 콘텐츠로 기획하고 만들어야 한다. 그러다 보면 소비자들의 반응과 이어지고, 알고리즘에 걸려 더 많은 잠재 고객에게 뻗어나간다. 이후 팔로워 수는 자연스럽게 따라온다.

주변의 성공한 인플루언서나 크리에이터를 봐도 팔로워의 규모가 커지고 나서 성공한 것이 아니라 콘텐츠가 먼저 인정받아 영상이 알고리즘 추천에 걸리면서 조회수가 상승하고 콘텐츠 도달이 확장되면서 팔로워 수도 자연스럽게 폭발한 것을 목격했다. 그리고 많은 경우에 굳이 팔로워가 수만 명이 되지 않아도 기업이나 브랜드가 원하는 충분한 효과를 낼 수 있는 수준에 이르렀다.

이렇게만 하면 모든 것이 다 해결될까? 앞에서 말한대로 멱법칙이 플랫폼과 콘텐츠의 세상에도 똑같이 적용된다. 콘텐츠의 세계도 냉정하다. 상위의 일부 콘텐츠만이 전체 영상 뷰의 대부분을 차지한다. 즉 알고리즘에 걸리는 콘텐츠는 극히 일부라는 이야기다. 결국 기간이 필요하다. 기간이 걸린다는 것은 그만큼 많은 양의 콘텐츠를 지속적으로 올려야 한다는 의미다.

이 과정에서 세 번째 키워드인 '실패'의 단계를 맞이한다. 조금 과장해 이야기하자면, 이 실패의 단계를 피해가는 경우는 거의 없다. 이 단계를 통해 고객에게 어필할 수 있는 콘텐츠를 더 연구하고 찾아가는 과정을 경험하는데, 이 과정에서 채널의 전문성과 신뢰도를 쌓아간다.

이렇게 실패와 시도의 과정을 반복했는데도 좋은 결과로 이어지지 않는 경우도 많다. 어쩌면 먹 법칙에서 말하듯이 실패할 확률이 훨씬 더 높다. 이때는 꼭 내 채널과 내 콘텐츠만으로 해결하려고 하기보다 인플루언서나 크리에이터 등의 외부인을 통해서 브랜드와 제품을 마케팅해볼 것을 추천한다.

물론 여력이 된다면 자신의 채널 운영과 인플루언서의 활용을 함께하면 훨씬 더 효과는 좋을 수 있다. 이 과정에서 예산이 없어서 많은 팔로워를 가진 인플루언서나 크리에이터와 함께하지 못한다고 불평하지 말자. 실제로 예산이 많은 큰 기업이나 브랜드도 메가 인플루언서와 협업해서 무조건 성공하는 일은 절대 벌어지지 않기 때문이다.

대부분의 성공 사례는 브랜드와 인플루언서와의 '핏'에서 나온다. 즉 팔로워 규모가 아닌, 마케팅하는 제품 및 서비스와 '적합성'이 잘 맞는 인플루언서와 협업했을 때 좋은 결과로 이루어지는 경우가 많다. 따라서 우리 브랜드와 제품을 잘 표현해줄 수 있는 사람을 선정하는 것이 가장 중요하다.

광고를 받기 전부터 평소에 우리 제품이나 서비스를 사용하는 인물이라면 효과는 더욱 좋을 것이다. 왜냐하면 그들의 팔로워들도 그 인물이 브랜드의 광고를 받기 전부터 이 제품을 사용하고 있다는 사실을 인지하기 때문에 광고를 받았다고 하더라도 상업성보다는 진짜 좋아서 '이 제품을 홍보하는구나'라고 여기기 때문이다.

그래서 마켓이나 공동구매 같은 판매를 잘하는 인플루언서들은 자신이 팔고 싶은 제품이 있으면 판매하기 전에 먼저 직접 그 제품을 사용하는 모습을 지속적으로 콘텐츠화한다. 자신이 평소에도 이 제품을 사용하고 있다는 인식을 팔로워들에게 심어준다. 그런 시간을 충분히 가진 후에 해당 제품을 판매하면, 그렇지 않은 경우보다 훨씬 좋은 결과를 낸다.

수년 전에 공동구매 시장이 성장하면서 이 업계에 종사하는 사람들을 만난 적이 있었다. 그들은 자신이 판매하는 물건을 평소에도 사용하는 모습을 꾸준히 채널에 올리고 있었다. 예를 들어, 다이어트 보조제를 판매하는 경우 맛있는 음식을 먹는 일상 콘텐츠를 올릴 때도 해당 제품이 함께 보이도록 해서 자연스럽게 제품을 노출한다든지, 소화를 돕는 효소를 파는 경우 역시 맛있는 음식을 먹고 나서 해당 제품을 챙겨 먹는 일상생활을 보여주는 방식으로 자신이 판매하는 제품을 본인이 직접 활용함으로써 스스로 평소에 즐겨 사용하는 제품임을 팔로워들에게 자연스럽게 보여주는 것이다.

마케터는 모니터링하는 습관이 중요하다. 어떤 사람이 자신의 브랜드를 사용하고 좋아하는지를 항상 체크해야 한다. 그래서 자신의 브랜드를 사용하는 사람이 있을 경우 적극적으로 브랜드에서 지원해주는 것이 좋다. 이들은 이미 광고를 받기 전부터 그들의 팔로워들은 그 브랜드의 제품을 누군가가 사용하고 있는 것을 지켜봤고, 결국 이들이 기업의 자발적인 전파자 역할을 자처한 셈이다. 평소에 내 제품이나 서비스를 사용하는 인플루언서들을 만났다면, 그들은 브랜드와 핏이 아주 잘 맞는 사람들이다.

마지막 키워드는 바로 '시간'이다. 채널과 콘텐츠가 알고리즘에 잘 걸려서 수많은 잠재 고객들에게 도달하는 결과도 그렇고,

제품 및 서비스와 핏이 잘 맞는 사람을 찾아가는 과정도 그렇고, 결국 일정한 기간을 투자해야 한다. 마치 점쟁이처럼 한 번에 좋은 콘텐츠와 인플루언서를 찾으면 가장 좋겠지만, 현실에서 그런 공식은 존재하지 않는다는 것을 우리는 알고 있다.

어떤 브랜드의 콘텐츠가 알고리즘을 제대로 타서 성공하는 것을 보고 해당 소재를 벤치마킹해 비슷한 콘텐츠를 기획하고 광고하더라도 똑같은 결과가 나오지 않는다. 또한 어떤 크리에이터의 광고가 성공해 그 인물을 섭외해서 광고를 맡겼는데도 똑같은 결과가 나오지 않는다.

즉 1단계에서 말한 '성공 사례'를 벤치마킹하고, 2단계에서 '내게 맞게 변형'하는 과정을 통해 성공의 가능성을 올리는 노력은 필요하지만, 이러한 노력이 한두 번 한다고 바로 결과와 이어지지 않기 때문에 이 과정에서의 '시간'은 반드시 필요한 요소다. 3단계에서 말하는 '실패'의 과정이 계속될 수밖에 없다. 그래서 '시간'이라는 과정이 반드시 수반되어야 한다.

이런 실패를 반복하는 과정에서 우리가 가장 중점을 둘 것이 내 채널의 팔로워 규모를 키우는 외형적인 성장이 아니라 올바른 지표와 관점을 세우면서 시간을 보내야 한다는 것이다. 수년간 기업이나 브랜드의 인스타그램과 같은 자체 채널에 팔로워를 수만 명 보유하고 있어도 게시물에 아무런 반응이 없는 현상들을 봐왔다. 이들은 지속적인 콘텐츠를 통해 고객과 신뢰와 친밀감을 쌓는 시간을 갖지 않고, 단발적인 결과를 얻으려고 했기 때문이다. 따라서 마케터로서 인플루언서를 바라보는 올바른 관점을 가져야 한다. 관점은 다음과 같다.

1 내 제품과 서비스가 고객이 가진 어떤 문제점을 해결해줄 수 있는지와 동종 분야의 다른 브랜드와 어떤 부분이 명확히 차별화되는지를 명확하게 알아야 한다. 이러한 정의를 확실하게 내리고 시작해야 한다. '지피지기면 백전백승'이라고 하지 않는가? 내 제품과 서비스에 대해 자신감이 없다면 함부로 마케팅을 시작하면 안 된다. 본인조차도 자신감이 없는 제품과 서비스를 어떤 고객이 관심을 가지겠는가. 당연히 그들도 관심을 가지지 않을 것이다.

2 제품과 서비스에 대한 정의를 내렸다면 이 포인트를 콘텐츠화시켜야 한다. 고객이 가진 문제점 혹은 관심사 내용을 콘텐츠로 만들면서 잠재 고객들에게 먼저 신뢰를 쌓는 것이 중요하다. 그리고 이 시점에서는 제품과 서비스를 너

무 드러내지 않을 것을 추천한다. 고객들과의 '관계'에 먼저 집중하라는 의미다.

3   이러한 과정을 꾸준히 반복함으로써 고객과의 라포르가 생기면, 이때는 자신의 제품과 서비스를 드러내자. 여기서 '소통'이 중요하다. 신뢰가 쌓였다고 일방향성으로만 가면 안 된다. 고객의 목소리에 집중하면서 브랜드에 대한 만족도와 보완점을 경청하며 발전시켜 나가야 한다.

4   고객에게 신뢰받고 소통을 통해 친밀감까지 쌓아서 판매에 성공한 기업은 '선순환'의 고리에 들어간다. 이제는 변하지 않고 이 과정을 지키는 것이 가장 중요하다. 힘들게 여기까지 온 브랜드들이 실패하는 이유는 규모가 커지고 혹은 담당자가 바뀌면서 이러한 성공 이유를 지키지 못하기 때문이다.

7장

무엇을 할 수 있을까?
(실천편)

 이제 브랜드가 성공하려면 어떻게 해야 하는지에 대한 구체적인 실천 방법을 정리해보고자 한다. 이 실천 방법은 분야에 상관없이 모든 산업군에 적용될 수 있는 이야기다. 또한, 꼭 브랜드가 아니더라도 1인 미디어 시대에 본인의 채널과 계정을 키우려는 사람들에게도 해당되는 내용이다. 앞선 모든 장에서 언급한 내용들을 전제로 이번 실천편을 통해 현실적인 도움이 되기를 바란다.

'성공을 위한 로드맵'에서 언급했듯이 자신의 제품과 서비스가 고객의 어떤 문제점을 해결해줄 수 있는지를 우선 아는 것이 중요하다. 개인적으로 채널을 키우는 관점에서도 내 콘텐츠를 통해 타겟 구독자가 무엇을 얻을 수 있는지 구체적인 이득이 먼저 정의되어야 한다.

그런 후 관련 콘텐츠를 먼저 쌓아가는 것부터 시작해야 한다. 제품을 본격적으로 팔기 전에 제품을 구매할 수 있는 고객의 공감을 먼저 얻어내면서 대상을 모아가는 것이 시작 단계에서 해야 할 일이다.

국내 유통 대기업의 마케터에게 자문하며 들었던 이야기 중 생리대 제품을 인플루언서와 협업해 좋은 매출을 이룬 사례가 있었다. 콘텐츠는 생리양이 많은 사람이 가지는 고민거리와 기존 제품에서의 불편함 등을 먼저 보여준 후 본 브랜드의 특장점을 언급했다. 즉, 이 제품이 왜 좋은지, 왜 사야 하는지에 대한 콘텐츠보다 타겟 고객의 애로사항과 요구를 먼저 건드려주면서 공감을 얻어냈다. 충분히 공감을 얻은 후에 본 제품이 그런 해결책을 가진 제품임을 자연스럽게 노출시켜 판매까지 연결시켰다.

이런 콘텐츠를 만들고 타겟 고객들을 쌓아갈 채널로는 인스타그램, 유튜브, 카카오톡 오픈 채팅방 등이 좋다. 어떤 채널을 활용할 것인지는 당연히 기본적으로 여러분의 고객이 될 사람들이 조금 더 쉽게 접근할 수 있는 채널을 바탕으로 하되, 자신의 현재 운영 능력도 고려해야 한다. 다만 채널이 무엇이든 콘텐츠는 숏폼 형태로 소통할 것을 추천한다.

미디어 트렌드 분석에 따르면, 사람들이 주로 숏폼을 많이 사용하며, 연령대 및 성별도 가리지 않는다. 엄청난 품질과 편집 능력이 없어도 편집 관련 프로그램이 너무 잘 되어 있으니, 마케팅을 하는 사람이라면 기초적인 기술만 습득해도 충분히 숏폼을 만들 수 있다.

숏폼의 편집 능력보다 어떤 콘텐츠를 담을 것인지, 어떤 섬네일을 만들 것인지에 대한 아이디어가 더 중요하다. 섬네일에서부터 구독자의 문젯거리와 요구를 언급할 수 있다면, 그만큼 더 빨리 공감을 이끌어낼 수 있기 때문이다. 이런 콘텐츠를 꾸준히 게시하면 신뢰가 쌓이면서 구독자가 실제 고객이 될 수 있는 확률이 그만큼 높아지고, 내 채널에 이런 사람들이 점점 모이게 된다.

고민거리와 요구를 가진 타겟 고객들을 쌓았다면, 이제는 내 제품과 서비스로 그들이 어떤 이익을 얻을 수 있는지를 알려주는 단계다.

그렇다면 이 단계는 언제쯤 시작하면 좋을까? 팔로워 몇 명까지 만들어야겠다는 기준을 만들어서 팔로워를 빠른 시간에 모으려고 본질과는 관계없는 이벤트와 프로모션으로 숫자를 늘리거나 심지어 팔로워를 구매하는 등의 오류는 절대 범하지 말아야 한다.

물론 수만 명에서 수십만 명의 팔로워를 가지고 있으면 포스팅 한 번에도 엄청난 매출이 나올 수 있다. 하지만 이들 역시 신뢰가 쌓여 있어야 한다는 전제조건이 필수다. 차곡차곡 실제 판매의 경험이 누적되면서 만족한 고객이 오랜 기간 쌓여서 좋은 결과가 나오는 것이지, 단순히 팔로워 규모가 크기 때문이 아니다. 포스팅 한 번에 좋은 결과를 바라는 것 자체가 욕심이다.

따라서 처음부터 엄청난 매출 효과가 나올 것이라는 기대보다는 팔로워나 구독자가 100~200명만 모여도 내 브랜드 혹은 내 채널을 통해 타겟 고객이 얻을 이익에 관한 콘텐츠를 만들어가면 된다. 이때의 운영은 '고객의 고민거리와 요구 콘텐츠' 그리고 '내 브랜드 및 채널을 통해서 얻을 수 있는 효용'이 동시에 이루어지면 된다.

즉, 계속해서 공감만 받는 콘텐츠만 만들어도 안 되고, 일방적으로 솔루션 콘텐츠만 만들어도 안 된다. 이 두 가지를 적절히 혼합해 운영한다. 이 단계부터 바로 판매로 직결되는 것은 아니지만, 차츰 콘텐츠와 판매의 연결고리를 만들어내는 구간이라 생각하면 좋다. 너무 공감 콘텐츠만 오래 유지하면 나중에는 정보성 채널로만 인식이 되어서 정작 제품과 서비스에 판매 연결을 이루려고 할 때 오히려 부정적인 반응이 나올 수 있다.

그리고 이 과정에서 가급적 팔로워나 구독자로 활동하는 사람들과 개별적으로 소통할 것을 추천한다. 팔로워를 늘리기 위해 모르는 사람한테 가서 인사하고 좋아요를 누르는 것보다는 이미 내 콘텐츠와 채널에 공감을 가진 사람들을 대상으로 관계를 쌓아가는 것이 중요하다.

지금 단계에서는 인위적으로 만들어내는 신규 팔로워보다는 내 제품과 채널이 필요하고 공감한 사람들을 확실한 충성도 높은 타겟 고객으로 만드는 것이 필요한 핵심이다. 그들은 이미 여러분이 건네는 소통에 더욱 호의적일 것이며, 이왕이면 자신을 알아주는 제품이나 브랜드라면 더욱 마음이 갈 것이기 때문이다. 마치 식당에서 이왕이면 사장이 나를 알아봐주고 하나라도 더 챙겨주면 그 식당을 더 가게 되는 것처럼 말이다. 그런 충성도가 생기는 것과 같은 원리라고 보면 된다.

성장

 냉정하게 들릴 수 있지만 디지털상에서 내 브랜드, 내 채널의 성장은 온전히 내 힘과 노력만으로는 절대 이루어지지 않는다. 억지로 성장을 만들려고 해도 한계가 있다.

앞에서 언급했던 멱 법칙에서처럼 결국 일부의 브랜드와 채널만이 살아남고, 나머지는 그저 그런 수준에 머물게 된다.

디지털에서 성장을 만드는 유일한 방법은 알고리즘을 타는 것이다. 알고리즘은 마치 신과 같은 존재다. 현장 경험을 봐도 어마어마한 광고 예산을 태우는 것보다도 큰 효과를 내는 것이 알고리즘에 걸리는 것이었다. 알고리즘이 내 콘텐츠와 채널을 선택해 더 많은 관심사 고객들에게 도달시켜주면 잠재 고객들이 계속 모인다. 이런 노출 범위가 넓어지면 넓어질수록 더욱 많은 사람이 채널에 참여해 폭발적으로 성장한다.

결국 우리가 디지털에서 성장하기 위한 실천 방법은 알고리즘에 걸리기 위한 노력에 집중해야 한다. 이런 방법의 기준은 명확하다. '고객의 고민거리와 요구를 언급하는 공감 콘텐츠', '내 제품이나 채널이 타겟 고객에게 가져다줄 수 있는 이익'이 담긴 콘텐츠를 다양한 관점과 방법으로 조금씩 다르게 반복해서 많이 만드는 것이다.

조금씩 다르게 한다는 것은 영상 제목도 바꿔 보고, 섬네일의 구성도 바꿔 보고, 콘텐츠의 구성 방식도 바꿔 보는 등의 시도를 의미한다. 이러한 시도를 통해서 내 제품, 내 채널에 맞는 알고리즘과 친화된 콘텐츠를 쌓아갈 수 있다.

여기서 강조하고 싶은 팁은 알고리즘을 내 고객이라고 생각해야 한다. 알고리즘에 선택받기 위한 전략과 시도를 하라는 것은 접근 자체가 어려울 수 있다. 즉 알고리즘이 선택하는 콘텐츠는 결국 타겟 고객이 좋아하는 콘텐츠다. 예를 들어, 알고리즘은 고객들이 좋아요만 누르는 콘텐츠보다는 저장하고 공유하는 콘텐츠에 더 좋은 평가를 한다. 또한, 이왕이면 영상 초반만 보고 이탈하는 콘텐츠보다 영상을 끝까지 보는 콘텐츠를 더욱 높게 평가한다.

이처럼 알고리즘이 선호하는 콘텐츠는 결국 타겟 고객이 선호하는 콘텐츠다. 즉 콘텐츠에 어떤 내용을 담아야 고객들이 저장하고 공유할까를 고민하고 만들어야 한다. 또한, 어떻게 콘텐츠를 구성해야 첫 3~5초 사이에 이탈이 나오지 않고 고객들이 끝까지 볼까, 하는 생각으로 만드는 것이 알고리즘에 친화된 전략이다.

이런 노력을 통해 내가 현재 가지고 있는 팔로워, 구독자보다 10배, 20배 이상의 조회수를 얻게 되면(구독자는 1,000명인데 조회수가 100만이 나오는 것처럼 1,000배가 넘는 경우도 있다), 알고리즘을 통해 유사한 관심사를 갖고 있는 사람에게 당신의 채널과 콘텐츠가 도달되고 있다는 것이다. 적절하게 구성된 콘텐츠가 적절한 대상에게 도달되면, 이것은 반드시 매출과 연결된다.

 만약 이런 단계와 노력이 잘 맞아 떨어져서 성공했다면, 멱 법칙에서 말하는 상위 일부 그룹에 포함된 것이다. 축하한다! 이제는 노력이 헛되지 않게 잘 유지하는 것이 중요하다.

슬픈 이야기일 수 있지만, 비즈니스든 마케팅이든 '이것으로 끝'이라는 말은 존재하지 않는다. 나 역시 회사 직원이 10명일 때는 50명만 되면 안정될 줄 알았고, 50명이 되면 80명 정도가 되면 안정되겠지? 하고 생각했다. 현재 150명 정도인데 그러면 안정이 되었을까? 성장할 때마다 다음 과제가 있었고, 그 규모를 유지하기 위해 지속적으로 또다른 노력들이 필요했다.

브랜드와 제품도 마찬가지다. 마케터로서 제품이나 서비스를 키우든, 1인 미디어로서 혹은 인플루언서로서 채널을 키우든 '이것으로 끝'이라는 것은 없다. 새로운 경쟁자들이 끊임없이 생겨나고 빠르게 성장하는 상황에서 도태되지 않으려면, 지속적으로 실천 방안을 마련해야 한다. 성공에 도취해 자만심을 가지고 유지를 위한 노력을 하지 않는다면 타겟 고객들은 점점 내 브랜드와 채널에서 안녕을 고하고, 결국 성공은 실패로 이어진다.

유지를 위해서 구체적으로 무엇을 실천해야 할까?

첫째, 성공한 콘텐츠를 더욱 강화하는 것이다. 이전 단계인 성장 단계에서 수없이 했던 노력을 통해 내 브랜드와 채널이 어떤 콘텐츠에 고객들의 반응이 더 좋았고, 어떤 주제가 알고리즘을 탈 확률이 높았는지를 분석해 자신만의 데이터가 쌓였을 것이다. 즉 강점 콘텐츠에 대해 제작과 발행을 늘려가는 것이다. 혹은 해당 콘텐츠를 조금 더 전문화시키고 규모를 크게 만들 수도 있다. 이미 호응을 얻은 콘텐츠에 투자와 품질을 높여 타겟 고객들이 당신의 제품과 채널에 기대하는 명확한 포인트를 강화시켜 끈끈한 관계를 만들어낸다.

성장까지 가는데 성공한 제품이나 채널이 더욱 성장하지 못하거나 도태되는 많은 이유가 본인이 성공한 이유를 잘 몰라서일 때도 있지만, 자신이 성공했던 제품이나 콘텐츠를 더 발전시키지 않고 그 수준에 머무르기 때문이다. 이렇게 정체된 제품이나 콘텐츠는 타겟 고객도 진부하게 느끼며, 결국 언젠가는 이탈한다.

둘째, 새로운 시도다. 다만 전제 조건은 앞서 언급한 성공한 콘텐츠를 강화한다는 조건에서의 시도다. 나에게 강점인 콘텐츠와 제품이 명확한 기준점을 지키고 발전하는 상황에서의 새로운 시도다. 그리고 현재 자리 잡은 정체성 테두리 안에서의 새로움이다.

결국 타겟 고객들은 반복되고 변하지 않는 제품과 콘텐츠에는 지루함을 느끼고, 혹은 유사 브랜드와 채널에서 제공하는 새로운 제품과 서비스에 접촉되기 매우 쉬운 환경이기에 언제든 떠날 수 있다. 그래서 늘 새로운 시도를 해야 한다. 다만 이 새로운 시도가 '내가 하고 싶은 이야기'가 아니라 '고객들의 고민거리와 요구'에 근간을 두고 있는 새로운 시도여야 한다.

이쯤 성공한 브랜드와 채널이 흔하게 범하는 오류가 바로 이것이다. 규모가 작고 처음 단계에서는 타겟 고객과 시장을 철저히 바라보고 기획했다면, 어느 정도 성장한 이후에는 이러한 본질을 놓치고 내가 하고 싶은 이야기만 하는 경우가 많다. 즉 새로운 시도조차도 우리가 놓치지 말아야 한 기준점은 내 제품과 채널이 타겟으로 하는 고객들이 가지고 있는 고민거리, 문제점과 요구에 대한 해결을 통해 그들이 얻을 수 있는 실질적인 이득과 효용이 포함되어야 함을 잊어서는 안 된다.

결국 우리가 주변에서 볼 수 있는 수십 년 이상 명맥을 유지하는 브랜드를 보면, 그들은 소비자들에게 사랑받는 이유를 잘 알고 있으며, 그것을 더 강화하면서 고객과 꾸준히 소통한다. 이를 단순히 유지하는 것이 아니라 이들의 성공 정체성을 시대의 변화, 소비자의 변화, 트렌드의 변화에 맞게 콘텐츠의 표현 방식과 소통하는 채널의 접점 등을 함께 변화해가며 오랜 기간 장수하는 브랜드를 만들어간다.

팔로워 숫자에 중독된 시대,
진짜 영향력을 만드는 법

팔로워 시대의 몰락

초판 1쇄 인쇄 2025년 9월 8일 | **초판 1쇄 발행** 2025년 9월 22일

지은이 백성국

편집 신효주 | **디자인** 봄에
마케팅 용상철 | **제작·인쇄** 도담프린팅

발행인 신수경 | **발행처** 드림셀러
출판등록 2021년 6월 2일(제2021-000048호)
주소 서울 관악구 남부순환로 1808, 615호 (우편번호 08787)
전화 02-878-6661 | **팩스** 0303-3444-6665 | **이메일** dreamseller73@naver.com
인스타그램 dreamseller_book | **블로그** blog.naver.com/dreamseller73

ISBN 979-11-92788-44-9 (03320)
ⓒ 백성국, 2025

- 책값은 뒤표지에 있습니다.
- 잘못 만들어진 책은 구입한 곳에서 바꾸어 드립니다.
- 이 책은 저작권법에 의해 보호를 받는 저작물이므로 무단 전재와 복제를 금합니다.

※ **드림셀러는 당신의 꿈을 응원합니다.**
　드림셀러는 여러분의 원고 투고와 책에 대한 아이디어를 기다립니다.
　주저하지 마시고 언제든지 이메일(dreamseller73@naver.com)로 보내주세요.